XIANGMUHUA
XIEZUO ANLI
XIAOYUAN HUODONGZHONG
DE YUWEN XUEXI

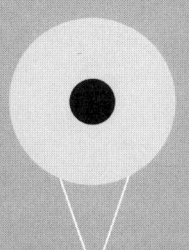

项目化
写作案例

潘丽云 主编

校园活动中的语文学习

中国市场出版社
China Market Press

·北京·

图书在版编目（CIP）数据

项目化写作案例：校园活动中的语文学习／潘丽云主编. -- 北京：中国市场出版社有限公司，2021.11
ISBN 978-7-5092-2159-4

Ⅰ.①项… Ⅱ.①潘… Ⅲ.①作文课－教学研究－初中 Ⅳ.①G633.342

中国版本图书馆CIP数据核字（2021）第222972号

项目化写作案例：校园活动中的语文学习
XIANGMUHUA XIEZUO ANLI：XIAOYUAN HUODONGZHONG DE YUWEN XUEXI

主　　编：	潘丽云
责任编辑：	张再青
出版发行：	中国市场出版社
社　　址：	北京市西城区月坛北小街2号院3号楼（100837）
电　　话：	（010）68024335/68034118/68022950/68020336
经　　销：	新华书店
印　　刷：	河北鑫兆源印刷有限公司
规　　格：	170mm×240mm　　16开本
印　　张：	14.25　　　　　　　字　　数：225千字
版　　次：	2021年11月第1版　　印　　次：2021年11月第1次印刷
书　　号：	ISBN 978-7-5092-2159-4
定　　价：	59.00元

版权所有　侵权必究　　　印装差错　负责调换

项目化写作，让写作回归本义

贾龙弟

打开这本项目化写作案例集，我的眼前展现出一幅幅生动的画面："体艺节"上的一个精彩瞬间，汇聚成了一本青春的纪念册；形形色色的岩石是时间的脚印，讲述着一个个动人的故事；一场场精心策划的"垃圾分类"宣传活动，传递着一颗颗创造美丽世界的责任心，还有那"书山求索 辩海征程"的学校辩论赛，那"趣雅悦读节·微新闻联播"，那场向党的生日献礼微写作活动，那台呈现给全校师生的精彩舞台剧，那年度校园"我是演说家"上的演讲比赛，那体艺节上的新媒体创作比赛……

我有些羡慕，我们的校园生活原来还有那么多值得回眸，值得留存在记忆深处的美好。

我有些嫉妒，我们的校园写作原来还有那么多值得抒写，值得以文字的方式绽放的美好。

在这本案例集中，我看到了写作本来的模样！

这样的神奇来自金华市外国语学校这一群用心用情的项目化写作的探索和实践者！

我们不得不看到，写作教学的很多问题与教师对写作本义理解不透彻直接相关。因为不透彻，片面盲目、我行我素的情况自然就不可避免。所以，我们有必要回到起点，看看写作的本义，再出发。

"一怕周树人，二怕写作文，三怕文言文"，这是一代代学子的经验总结。但我们在这本案例集中读不到一个"怕"字，这是为什么？项目化写作到底解决了写作教学的哪些痼疾？项目化写作是如何让写作绽放活力的？

项目化写作最重要的是解决了学生为什么写的问题，即写作的动机问题。

曾几何时，很多教师对写作教学的认识仅仅停留在教学生"怎么写"上，而忽视了"为什么写"这一关乎"作者"心灵的要素。具体表现为片面地教技巧，把写作教学变成一种机械的技巧操练。写作教学就是把学生纳入教师预设的一个程序化设计中，最终出来一个会运用某种写作技巧的"机器人"。片面用力的极致就是导致了各种作文模板和作文软件的泛滥，只要输入关键词，系统自动生成文章。

为什么要进行写作？从课标的定义来看，是生活中"表达和交流"的需要。用叶圣陶先生的话来说，"我们胸中有了这么一段意思，一种情感，要保留下来，让别人知道，或者备自己日后覆按，这时候才动手写文章"。"只因在现代做人，写作已经同衣食一样，是生活上不可缺少的一个项目"。一句话，写作是生活的一种需要。这与课程标准指出的"使学生初步学会运用祖国语言文字进行交流沟通"，"具有适应实际生活需要"的写作能力是一致的。

项目化写作的引入，让写作是为了"表达和交流"的需要真正落地。为什么要写作？项目设计者们是这么说的——

·"垃圾分类"成为时下社会新时尚，作为中学生的我们，如何通过创作，开展多样、有效的宣传活动？

·如何用语文的方式为班集体参与的唯一一个校园体艺节留下永久纪念？

·如何让3~5岁的孩子明白岩石有记录时间的"奇异功能"？

·如何通过微写作向党的生日献礼？

·如何根据所学知识，结合你的采访、精彩瞬间、人物事迹或真实感悟写成新闻稿，向我校校报进行投稿？

·如何为"十佳歌手"决赛入围选手撰写加油视频脚本并拍摄"抖音短视频"？

·如何编写剧本，并向观众呈现出一台精彩的舞台剧？

·针对2021年金外阅读节阅读调查状况，语文组将本年度校园"我是演说家"演讲比赛话题定为"纸质阅读VS网络阅读，你更倾向哪一个？"如何才能让这次演讲深入人心呢？

·你是美篇组的参赛选手，如何将体艺节的精彩内容用美篇的形式呈现，并在比赛中脱颖而出？

……

这是写作项目的驱动性问题，这是语文的问题，更是生活的问题。相比概念性问题，驱动性问题植根于学生的现实社会生活，是在生活中学语文用语文，是在做中学。因此，这些问题也更能激发学生的写作兴趣，更能引发学生的思维和情感的高度投入，写作终于回到了"适应实际生活需要"而"表达和交流"的本义。

因为他们有了"表达和交流"的具体对象：班集体、3~5岁的孩子、党、我校校报、"十佳歌手"决赛入围选手、舞台剧观众、演讲比赛的观众或评委、关注学校运动会的师生家长们……

因为他们有了"表达和交流"的具体目的：为班集体参与的唯一一个校园体艺节留下永久纪念；让3~5岁的孩子明白岩石有记录时间的"奇异功能"；向党的生日献礼；向我校校报进行投稿；为十佳歌手决赛入围选手撰写加油视频脚本并拍摄抖音短视频；为观众呈现出一台精彩的舞台剧；能让这次演讲深入人心；作为美篇组的参赛选手在比赛中脱颖而出……

他们甚至还重新认识了作为"表达和交流"者的"我"是谁：班级的一员、大哥哥大姐姐、中学生、新闻写稿者、十佳歌手的粉丝、舞台剧编者、演讲者、美篇选手……

形成真实的写作任务场景，即交际语境的真实或具体明确，这是真实写作的基础和前提。我是谁、我为谁写、为什么要写，这些写作的要素，让写作成为真实语境下的交际写作，让写作真实发生。

素养不是悬在空中的东西，而是个体在与各种真实情境持续的社会性互动中，不断解决问题和创生意义的过程中形成的。写作素养也是如此，用写作解决现实生活中的问题，在解决问题的过程中形成相应的写作素养。

项目化写作让写作及其写作主体的价值得以确认。

项目化学习创建真实的驱动性问题和成果。所谓的"真实"，并不要求学生学习活动中的每个要素都必须是真实的，而是要让学生看到知识和世界的某种联系。这种"联系"，也就是知识学习的生活价值。驱动性问题如何才能"驱动"学生的项目学习？就是让学生感觉到问题的"生活价值"。也就是说，这一情境问题是来自学生所生活的世界。所以，项目化活动的成果也是具有"生活价值"的，不是束之高阁的，而是对自己、他人或周围的世界有意义的，可以改善自己或周围环境的成果。

项目化写作设计，是以"写作成果"呈现为目标的逆向设计，并且这样的成果是植根于生活世界，是为了解决问题的，这样的写作让学生真正感受到了写作的价值。作为班级的一员，作为学校的一员，作为社会的一员，写作能为自己所在的班级、学校、社会服务，这是何等重要，这样的表达自然是"情之所愿"之事。

当学生知道他们的努力将对现实世界产生影响时，他们会更有动力去产出高质量的作品。学生在与这样的真实的情境社会性互动中，不仅学习了写作知识，形成了写作能力，也逐渐树立起积极的情感态度及价值观，特别是对于周围世界的使命感和责任感。一句话，学生获得的是面对未来社会所需要的关键能力和必备品格，也就是核心素养。

"为什么写"的问题解决，让写作的其他问题，比如写什么和怎么写变得极易解决。学生会思考，面对这样的写作对象，基于这样的写作目的，选取哪些材料才是合适的，采取怎样的语体风格才能达到有效表达和交流的目的。自己不会，可以向课本、可以向网络、可以向老师、可以向家长、可以向一切可以学习的对象学习，作为母语，课程资源无处不在，只有有心，素材的问题、技巧的问题总可以解决。就写作素材而言，学生在亲历项目化活动中感受、体验本来就多；就写作技巧而言，教师在项目化学习活动中本来就嵌入很多的写作支架，因为项目化写作活动的设计首先需要考虑的是写作训练要素与项目活动的一致性，只有把两者完美融合的设计，才有可能是有效的项目化写作设计。

其次项目化写作解决了写作评价的问题。项目化学习的评价要求的是全程评价，项目化学习中的评价是多元且丰富的，它要求设计者同时运用过程性和总结性评价策略及多元主体参与的评价方法来促进学生真正投入学习。我们可以在这些案例中看到一个个评价量表，这些评级量表镶嵌在项目活动的过程中，它们不仅评价写作，还评价活动中写作者的社会性表现。同时，这些量表本身也是很好的写作支架。量表的制定者和评价主体也变得多元，教师、学生、家长、学校领导、社区等都可以参与进来。学生不再是把作文交给老师，拿到一个冰冷的分数，多元的评价机制让写作者有了更多发表自己作品的平台，在展示自己精彩的同时也有了更多多元反思的机会。

看到这么多来自一线的鲜活的项目化写作案例，看到学生们在写作过程中展现的自信与快乐，想到很多年前，王荣生教授曾指出的两类败坏文风的文章，一是"闪光点"记叙文，二是"小文人语篇"。前者为了得到高分，不惜牺牲自己的人格，虚构捏造事实，打造动情点，以换取阅卷者的高分。后者文字华美、思想情感贫乏，想要"文学而不能"，但却装腔作势"滥用文学的感情和用语"附庸风雅。学生不得不为了形式的"训练"去选取内容，内容不得不迁就形式的需要，乃至为了某种形式不得不去假造内容。这些写作者早已在写作中迷失了自我，把"自己的真情实感"抛诸脑后。

想想自己又何尝不是呢？听老师说，引用名人名言能增加议论文的说服力，显得自己学识渊博。于是，我开头引用、结尾引用、到处引用，实在肚子里没货，就编，看起来像名人名言就行，是不是对方说的不重要，反正阅卷教师也不会认真的。后来，我还会根据观点编名人事例，比编名言更高一筹。现在想来，都要笑。

蓦然回首，为什么我会羡慕嫉妒呢？因为我憧憬这样写作的美好和美好的写作。

我想我们正在走向写作的本义。写作的本义是"适应实际生活需要"，正如叶圣陶先生说一切写作"全都有所为"。所以，写作教学需要让学生这一写作主体知道自己"所为何"，即"为什么要写这篇文章"，目的是"适应实际生活需要"，这是写作教学的逻辑起点。

项目化写作的实践者们，为我们找到了写作的本义，带领我们再次从写作教学的逻辑起点出发！

生活的风景原来可以这样美的！写作的风景原来可以这样美的！

是为序。

（作者系浙江省特级教师、正高级教师）

目 录

① "体艺节·新媒体写作"项目化学习案例 / 001
   麻林苑

② "体艺节·写出人物的精神"项目化学习案例 / 019
   周彬

③ "垃圾分类·创意写作"项目化学习案例 / 036
   潘丽云　徐娟

④ "我是演说家·演讲词写作"项目化学习案例 / 057
   孙争艳

⑤ "阅读节·剧本改写"项目化学习案例 / 079
   金紫薇

⑥ "辩论赛·辩词写作"项目化学习案例 / 095
   金翰

⑦ "我向党表白·学习抒情"项目化学习案例 / 113
   李哲　郑妹丽

⑧ "十佳歌手·短视频脚本写作"项目化学习案例 / 138
   裘立渤

❾ "运动会·新闻写作"项目化学习案例　/　155
　　麻林苑

❿ "科创节·学习缩写、学写故事"项目化学习案例　/　168
　　周彬

⓫ "趣雅悦读节·新闻写作与微新闻联播制作"项目化学习　/　188
　　苏易

❶ "体艺节·新媒体写作"项目化学习案例

麻林苑

📝 项目名称

"体艺节·新媒体写作"项目化学习

📖 项目简述

在信息高速发展的当下,新媒体成为宣传、记录的一种新形式,对新媒体软件的掌握与使用,成了青少年的新时尚。因此,将写作与新媒体结合为写作教学的新方式。本项目在七年级实施,为期一周,以我校"体艺节"为背景,用真实的驱动性问题激发学生的学习兴趣,结合统编教材七年级下册第四单元写作要求"怎样选材",设计了学习选材、美篇制作、评价评奖三个主要活动,涉及语文、体育、信息学科,最终要求每个小组制作一个精美的美篇作品,提高学生的语言表达能力和创新能力。

❓ 驱动性问题

你是美篇组的参赛选手,如何将体艺节的精彩内容用美篇的形式呈现,并在比赛中脱颖而出?

核心概念

从丰富的生活中,选择合适的素材,利用新媒体进行图文并茂的纪实表达。

学习目标

1. 提升信息筛选、提炼、加工和归纳的能力;

2. 在了解新媒体特点的基础上,学习新媒体写作方法,提高短消息写作与实用性文本写作的能力;

3. 激发学生的合作意识、参与感、集体荣誉感与对校园活动的热情;

4. 通过小组合作交流展示,提高学生对生活的感知能力,培养语言表达能力和创新能力,推动思维发展。

📌 项目实施过程

一、入项

导入：展示体艺节活动照片与海报，教师引导学生思考讨论：如果想要宣传我校的体艺节，可以有哪些方式？

（一）情境驱动

问题情境：体艺节期间，我校活动精彩纷呈，班级将以此为背景举办新媒体创作比赛。

该情境源于体艺节活动，包括篮球赛、排球赛和趣味项目，是我校真实的校园活动，因而学生有较强的参与感与体验感。

驱动任务：你是美篇组的参赛选手，如何将体艺节的精彩内容用美篇的形式呈现，并在比赛中脱颖而出？

（二）项目介绍与任务分解

1. 分析驱动问题：明确身份、读者与任务目的（见表1）。

表1 驱动问题分析表（1）

我的身份	
阅读对象	
立足角度（班级/学校）	
任务目的	

学生填写表格，根据阅读对象确定立足角度与任务目的，为之后的方案设计做准备。部分学生表现举例如下（见表2）：

表2 驱动问题分析表（2）

	组1	组2
我的身份	金外704班学生	金外学子
阅读对象	全校师生	各校师生、家长；亲朋好友
立足角度（班级/学校）	班级	学校
任务目的	展现班级精神风貌	宣传学校活动与学生风采

2. 分解驱动问题（见表3）。

表3 驱动问题分解表（3）

子任务	解决方式
运动会内容选择	学习怎样选材
美篇制作	多媒体手段学习与运用
	学习怎样使用美篇App

（三）项目实施进程计划

1. 呈现项目活动框架（见图1）。

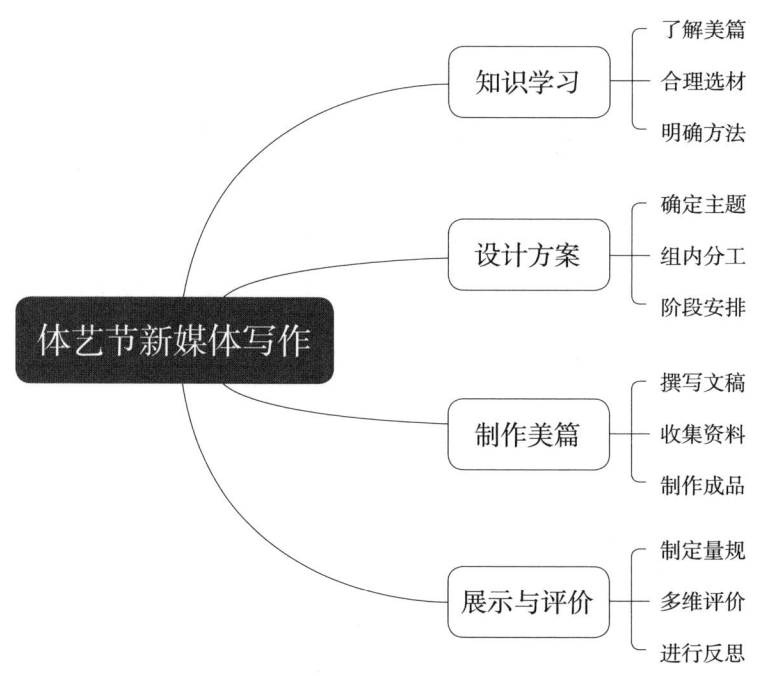

图1 项目活动框架图

2. 小组设计方案。

小组讨论，形成美篇制作初步方案，完成方案设计表（见表4），每组派一名代表进行网络实时更新，并简单汇报。

表4 小组方案设计表

活动选择	
标题设计	
多媒体运用 （在要选择的多媒体后打√，并说明具体内容）	图片（ ）： 视频（ ）： 音频（ ）：
文字提纲	
人员安排	撰稿： 图文搜集： 视频制作： 背景音乐： ……
阶段安排	阶段 / 完成时间
	一、确定内容，拟定标题
	二、制定方案与人员分工
	三、搜集图文资料
	四、小组讨论，撰写文字稿
	五、多媒体选择，美篇设计
	六、美篇制作，成果展示

3. 提出问题。

小组汇报，提出本组在方案设计过程中遇到的问题，同学和教师提出建议，解决问题，并就该小组的方案设计提出相应的意见和建议。

4. 修改完善。

小组根据同学和教师的意见和建议，结合本组项目主题，修改并完善方案。

（四）项目成果评价

初定评价量规（见表5）：

表5　初步评价量表

小组名称：　　　　　　　　组员：

内容	要求	得分
素材选择（40分）	主题突出，具有典型性与代表性	
文字内容（20分）	语言精练，表达准确；可读性强，具有吸引力；表达方式多样，富有新意	
照片视频（10分）	能捕捉精彩瞬间，与文字相得益彰；画质清晰，观赏性强；内容覆盖性强，生动可感	
背景音乐（10分）	符合主题，积极向上；为文字插上"翅膀"	
成果要求（20分）	记录活动过程，凸显人物精神，彰显活动意义	

二、知识与技能构建

（一）学习选材

教师整合统编教材（七年级下册第四单元）配套的《作业本》，设计了三个探究性活动，指导学生了解选材的三个要求，学会选择美篇中的图文素材。

1. 选材要围绕中心。

探究活动一

学生回顾课文《叶圣陶先生二三事》《驿路梨花》《阿长与〈山海经〉》，完成表6，并以小组为单位讨论选材的特点。

表6　课文选材特点一览表

课文	选材	中心思想
《叶圣陶先生二三事》	修改文章；恭送客人；真诚复信；写文章用写话风格；文风方面重视简洁；重视语文力求完美	赞美了叶圣陶先生"待人厚"和"律己严"的高尚品德

续表

课文	选材	中心思想
《驿路梨花》	解放军修建小茅屋；瑶族老人送米、修葺小茅屋；哈尼小姑娘们照料小茅屋；"我"和老余修葺小茅屋	雷锋精神已在全国各地、各民族人民的心中发扬光大，世代相传
《阿长与〈山海经〉》	名字由来；喜欢切切察察；摆成"大"字的睡相；元旦说恭喜、吃福橘；教给我很多道理；讲述"长毛"的故事；为我买《山海经》	表达对长妈妈的惭愧、怀念、感激，以及对年幼无知的时光的深切怀念

小结：选材要围绕中心主旨，文章的中心决定了材料的取舍及详略的安排。跟中心无关的，舍弃不取；跟中心相关的也要分清主次，选取其中最有利于表现中心的材料作为重点展开。

2. **选材要真实。**

校园活动都是我们亲身经历的真实事件。

讨论：如何在写作中再现真实情景，达到身临其境的效果？

学生讨论成果：a.作者亲身体验的事件。

　　　　　　　b.内容充实，手法多样，描写细腻。

　　　　　　　c.图文并茂。

3. **选材要新颖。**

下面两则"让座"的材料，题材一样，写法有异。对于"让座"这样的老题材，该如何写出新意？结合这两则材料说说你的理解。

材料一

让　座

公交车缓慢地行驶着，刚好赶上放学、下班的高峰期，公交车被挤得水泄不通。一个老奶奶被挤得东倒西歪。

"奶奶，坐我这里吧！"

"不用，你坐吧！"

"没事，我快到站了！"

"这孩子！真是谢谢了！"

我心里甜甜的。其实我不是快到站了，我只是想让您坐啊！

材料二

让 座

车子快速地前进，地铁车厢里已没有空座位，累了一天的我只好背着书包躲在角落里。

"小朋友，来这边，坐奶奶这里！"

"奶奶，您这么大年纪了，您坐！"

"奶奶身体好得很，不像你们，上学一天了，累得慌。我还有秘密武器呢！"说着，老奶奶把我拉到位置上摁下，她自己从背包里拿出小马扎朝我扬了扬，放在角落里，惬意地坐了下来……

——统编教材《作业本》七下第四单元《怎样选材》

预设：角度新，发现别人没有发现的，有新的感悟、体验、思考。

思考：运动会这样的老题材，该如何写出新意？

学生讨论成果：a.做观众时对不同姿态观赛的同学有观察和思考；

      b.做学生裁判过程中体会到裁判的艰辛；

      c.在司令台上播报通讯稿，看到稿件上激昂的文字，热血沸腾；

      d.同伴带伤上场令人感动；

      ……

4. 确定选材内容。

明确选材要围绕中心、要真实、要新颖三个原则之后，教师带领学生共同思考，如果要制作体艺节项目中"篮球赛"相关内容的美篇，可以选择哪些素材来凸显要表达的中心思想，并帮助学生形成思维导图（见图2），从而搭好写作支架。

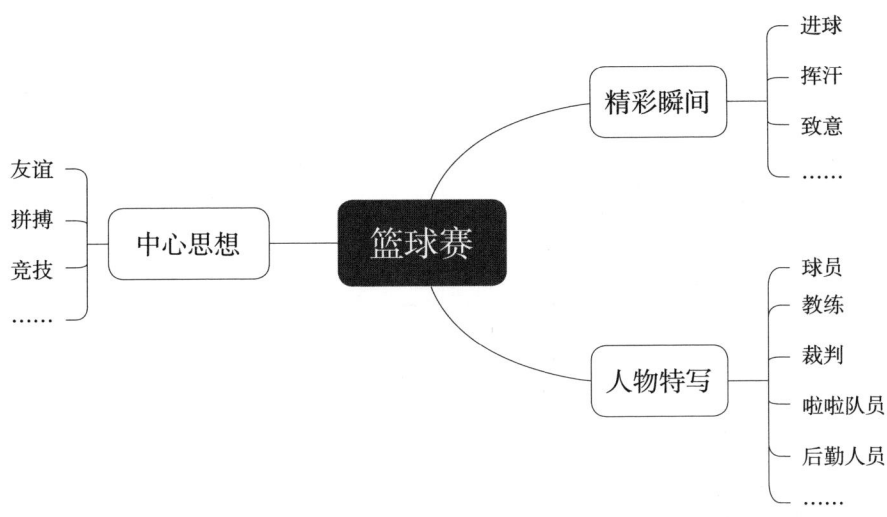

图2 篮球赛"选材"思维导图

根据以上思维导图，学生以小组为单位，根据本组主题确定美篇的选材内容，完成下表（见表7）。

表7 美篇选材表

要表达的中心	
美篇素材内容	

（二）美篇制作

学生阅读线上优秀的美篇作品，讨论并修改本组美篇设计方案，完成KWL量表（见表8），解决尚存的问题。

表8 KWL量表

K.我知道什么？	W.我想学什么？	L.我已经学会了什么？

随后，学生根据组内分工，进行美篇制作。完成背景音乐、主题的选择及相关视频的制作和拍摄，形成本组项目成果。

三、批判性反馈与修改

根据探究和实践过程所学，以小组为单位修改评价量规（见表9），每组提交一种方案；全班逐项讨论、共同修订，形成最终的评价量规（见表10）。

表9　个人写作评价量规

维度	评分标准	学生互评	教师评价
维度	选材新颖（30分）		
	内容具体（20分）		
	中心突出（20分）		
	语言精准（20分）		
	标点正确（10分）		
修改建议			
评价人签名			

表10　小组合作过程评价量规

组名：　　组长：　　成员：

等第	A	B	C	自评	小组互评
合作态度	小组成员愿意参与到合作学习中来，积极主动开展合作学习	小组成员能较好开展合作学习，成员能基本参与到合作中来	小组成员排斥合作学习，在合作学习中不积极主动参与其中		
小组分工	小组分工合理，能根据不同学生的特质承担不同的工作，各个成员都能出色完成自己的任务	小组成员分工基本合理，分工基本明确，各成员能完成自己的任务	小组缺乏分工，出现一人包办现象。各成员不能很好完成工作		
小组协作	小组成员在分工的同时能很好帮助本组其他成员完成工作，体现协作精神	小组成员能基本协作，能在老师引导下帮助本组同学完成任务	小组内缺乏协作，每一个成员只关注自己的工作		

续表

等第	A	B	C	自评	小组互评
小组交流	小组内交流热烈，能通过讨论得到新的方法，得到新的启示	小组成员能完成基本的交流，能基本完成学习任务	小组成员间缺乏沟通，不能有效交流		

表11 美篇作品评价量规

内容	具体要求	自评	教师评	小组互评
素材选择（15分）	围绕中心； 主题突出； 具有典型性与代表性； 新颖，吸人眼球			
文字内容（30分）	语言精练，表达准确； 可读性强，具有吸引力； 表达方式多样，富有新意			
照片视频（20分）	能捕捉精彩瞬间，与文字相得益彰； 画质清晰，观赏性强； 内容丰富，生动可感； 角度新颖，形式多样			
背景音乐（10分）	符合主题，积极向上； 增强文字感染力			
模板主题（5分）	符合文字风格； 符合审美情趣			
成果要求（20分）	记录活动过程； 凸显人物精神； 彰显活动意义			

最终的评价量规与初稿相比，增加了个人写作评价与小组合作过程评价，体现评价的过程性与阶段性。在最终成果的评价中，根据讨论优化了素材选择与文字内容的具体要求。因美篇制作过程中各小组对模板选择存在争议，故讨论增加了"模板主题"的评价。

三、出项

（一）成果展示

（1）各小组将制作的美篇发到班级QQ群，组员根据评价量规，对其他组的美篇进行点赞、评价。在评价时，注意肯定他组美篇制作的优点，并有根据地提出修改建议，措辞要有鼓励性。

（2）教师浏览美篇，补充修改建议，各组根据修改建议继续编辑完善美篇。

（3）教师将美篇发布于家长群与朋友圈，邀请"大众评审团"进行点赞投票。

（4）班级组织投票评价，形成一二三等奖。

（二）反思小论文

撰写项目反思小论文，参考题目：

《优秀的美篇是怎样生成的》

《新媒体与写作》

《吸人眼球需要什么》

《论素材的重要性》

《作者与读者》

（三）学生反思举隅

吸人眼球需要什么

华唯仪

在这次美篇制作过程中，我深切地体会到——新媒体写作本身便是一项吸人眼球的项目，但在众多新媒体文章中，只有脱颖而出才能成为亮点。

在我们组看来，标题为一大吸睛点。一个容易勾起人们兴趣的标题不仅要迎合当下人的审美观念，更要有独树一帜的风格。当时我们对标题党的言论情有独钟，但是老师说尤其要杜绝标题党，不能使用网络万能套路来撰写标题。以本次篮球比赛美篇为例，突出重点选择的特写部分，融入标题部分，体现你最想表达的主旨，有时标题的重要性关乎读者的需求取向，同时要根据受众群体抉择标题风格。

正文的基础是选材。在老师的建议下，我们总结出，选材基础决定上层建筑，选材最需要与读者产生共鸣，根据读者的不同身份选择多元化的片段，但万变不离其宗，所有截取片段都应该围绕中心主旨，为主题服务。我认为文风是一篇文章可读性强弱的关键性工程，但文风因人而异，要尽可能突出自己文风最适宜表达的话题，放大优势特点。经过讨论，大家一致认为上层建筑除了正文本身，还要有新鲜的版式，多媒体写作不限定体裁，但是版式仍需要自己设计，例如论坛体、采访、信件、对话、说明书等，虽然不是一板一眼的传统体裁，但是非常博人眼球，如果与文风搭配相宜，很容易大放异彩。

素材的选择

张晨恺

好的素材，意味着好的内容，更广的联想空间，更优的文笔基础，更打动人心的共鸣感，更富有深意的情感基调。素材的选择，很大程度上决定了一篇美篇，或者说文章的发挥空间，唯有这支"主干"立得坚挺，方才有其余点缀。

在本次创作过程中，我见过许多素材，有写篮球的，也有排球。相较之下，篮球热门，可选的素材多，描写的画面也多。所以在定下所需创作的大方向后，要考虑素材的多少，最好在创作者本人的经历中寻找，从而使其更易进行描写。

素材的选择中，自然要考虑读者。夸张地说，在美篇中用上大量的专业术语及人们不知晓的事物，不亚于同一位刚学九九乘法表的小学生讲微积分。虽然不至于这么夸张，但读者是大众，素材的选择上也要有普适性、大众性，一篇学术论文显然不是应景的。任何文章都有读者，而美篇面向的便是家长及学生，所以上述非普适性素材须摒弃。

文章之所以存在，是由于它所表达的精神和情感，所以美篇中的素材必须是正向的、有深度的、有情而发的。吸引人们的，往往是其背后的价值观。

特立独行，也是选择过程中应有的品质，一千个平庸的人中总会有一个特别的，一千个平淡的素材中也会有多彩的。从大流不如辟新路，不断地创新，寻找人们不会想到的素材，文章也会更为出彩。

素材的选择不可忽视，亦不可草草了事，骨架所以坚硬，血肉得以丰满；素材所以出众，文章得以成就。

如何写出一篇吸引人的"美篇"

方俪予

如果说一篇美篇便是一则新闻报道，那它一定属于"新闻特写"一类。在这样信息发达、美篇数不胜数的时代，如何让自己的美篇脱颖而出，获得更多点击量，被更多人看到？基于过去一周小组合作编写"篮球赛"专题美篇，我们进行了反思探讨。

有句话说：第一印象十分重要。美篇也是一样。我们要为自己的美篇设计一个新颖、简明的标题——两者缺一不可。"震惊中国十四亿人"这类标题会瞬间拉低文章的格局和立意高度，而且落了俗套，几乎没有人会点开——标题毫无水准，啰唆且俗套。在这次美篇制作中，我们发现，《反转》《绝地反击》这类题目相对更吸引人，用悬念铺设了比赛最精彩的片段，夺人眼球。

其次是素材的选择。前文已经提到，美篇更倾向于新闻特写，所以更应集中笔力描写横剖面——某个令人欢呼的瞬间或某场最精彩的比赛。若是把事情的来龙去脉阐述一遍，则会令人觉得没有情绪代入感和起伏感。在这样"快餐信息"的时代，若文章没有任何一个点能够抓住读者的心，很少会有人从头到尾将它读完。经过本次美篇创作，我们意识到，精细的描写往往比流水账精彩得多。

再是题材。在信息快速传播的时代，内容的时效性尤为重要。文章的中心思想往往在结尾和标题、开头处得到体现。我们写一篇新闻的目的不仅仅在于"让别人知道这件事的发生"，更在于挖掘出事件背后反映出的问题、道理，或价值观，我们也要尽量理性看待事件，毕竟当我们的文章发出去后，背后的价值观会影响许多人。当我们真正做到了理性对待、客观描述、传递正确的价值观，再以优美的文笔做辅助，相信我们的美篇会在最大程度上吸引他人。

学习成果举隅

（一）美篇文字稿

在运动健儿奋力拼搏之际，亦有目光灼灼之人，看到了操场上的这里和那里，他们用犀利的文字记录现场，洞幽烛微，言人未言。

坐下来主义

程浩

体艺节的时候，全场的人可大致分为三类：赛场上激情投入的运动员，严格判决的裁判员以及看台上的观众。运动员们比拼时带给人们的悲喜之情自然不必多说，裁判员则大多没有吸引力，而观众们的表现却可圈可点。

每当比赛开始，便有多数人猛然起立，以便清晰看见赛场的状况；更有甚者，已然与看台处的栏杆融为一体，紧紧抱着不放，再微微踮起脚尖，或是撑把伞，露出心满意足的神情，还不时地吐出一声悠长的"哇——"。他们不甘于坐着看比赛，便站起来，可谓"站起来主义"。殊不知该行为挡住了坐着的观众的视线，坐着的观众最终也按捺不住站起来了。由此可见，他们是受到"站起来主义"的影响了。

……

学会换位思考，是一种坦阔的胸怀，更是一种崇高的境界。我们每个人都需要被理解，就要先理解他人，因此必须学会换位思考。努力克服"站起来主义"，传播"坐下来主义"。适时"坐下"，为需要被理解的人——也为自己——腾出广阔的心灵空间。当你成为一名"坐下来主义"者时，你将会发现你开创了一种别样的、精神充实的生活。

不在终点论输赢

胡蝶

体艺节上最让人关心的无非就是成绩。枪响之后人们的目光便聚焦在了终点,最先到达的便是赢家。但在我的眼里,真正的输赢从不是在终点决定。

……

不在终点论输赢,是指运动场的终点,更是人生的终点。项羽最后在四面楚歌中自刎而亡,但他也曾在千钧一发危急存亡之际选择破釜沉舟一战到底;周瑜在生命的尽头发出了"既生瑜,何生亮"的悲鸣,但他也曾为自己的国家鞠躬尽瘁出谋划策立下数不尽的功绩。他们在人生的终点被贴上了失败的标签,却依旧有许多人称他们为英雄,因为他们在人生的旅途中曾努力去拼搏奋斗,不曾言弃。

不在终点论输赢,若你在前往终点的途中问心无愧竭尽全力,便早就获得了独属于自己的胜利。

(二)美篇综合版

(兄die,听说你上镜了)　　(我们发声,是因为我们热爱)　　(很燃很炸很感动)

项目成效与反思

本次"体艺节新媒体写作"项目化学习活动,集写作、拍摄、剪辑为一体,把整个体艺节贯穿起来,有时评、特写、通讯、宣传片,能够在解决问题的基础上进行真实的写作。

(一)结合多门学科,助力多元成长

本项目依托一年一度的运动会设置写作情境,通过这个盛大的校园活

动,设计真实的情境,推动学生着手进行项目学习与写作。新媒体写作融合了语文、音乐与信息学科,该项目驱动问题明确,美篇写作目的突出,受众群体为师生、家长与亲朋好友,具有较强的交际语境,进一步触发学生进行真实的写作。

跨学科是项目化学习的特点之一,在学生遇到无法解决的瓶颈时,我们联合信息教师向学生提供必要的支持,影视、音频等各类资源的介入,激发了学生为解决真实情境问题而主动探索的热情,教会学生如何学习。初中生初次接触新媒体写作,会出现图文不搭、配乐不当、图片堆砌、忽略宣传功能等现象,作为教师应该耐心引导,不能为了精美的结果而代替学生完成任务。

(二)创新课堂模式,激发写作兴趣

本次语文项目学习融合了信息时代的新媒体手段,为传统课堂赋予了时代特征,起到激发学生兴趣、锻炼学生能力的作用。其内核为写作教学,以创设真实的情境为驱动,落脚到教材中的写作教学专题。学生在项目学习的过程中设计方案、合作讨论、形成文字、运用多媒体、积极评价,不仅发挥了学生的主观能动性,提升了学生选材、写作的能力,还培养了学生审美情趣。

在项目进程中,新媒体写作的多维度选材方式及宣传功能在真实情境下被学生逐步熟练地运用。学生对怎样选材、小组合作、新媒体制作有了深入且持久的理解。在制作项目成果的初期,学生在美篇视频剪辑、配乐、图片处理等技术性问题上面花费了大量时间,导致文字创编时间被大大压缩,有"顾此失彼"之嫌,项目化写作的关键点在写作,应注意主次关系。

(三)关注评价机制,重视过程跟踪

评价机制在项目化学习中不容忽视。就其目的来说,最重要的是要以终为始,借助评价推动学习,推动项目实施。在量规制作过程中,教师与学生尝试分项等级评价,引入互评机制,从而起到加深项目理解的作用。但在制作过程中,存在学生讨论耗时长、瓶颈难以攻克、对项目要素存在疑惑等问题,需要在不断的磨合中形成最终的量规。

本次项目化学习评价量表包括过程性评价与表现性评价，包括小组个人写作评价量规、合作过程评价量规、美篇作品评价量规，有助于引导学生反思项目推进过程中学科知识的运用、学程的自我管理及综合能力的提升。值得思考的是，仍有部分学生没有合理利用量规，存在抛开量规埋头苦干、只在评价时使用量规等现象，将"以终为始"的理念抛诸脑后，弱化了量规作用，使得项目的推进与反思效果也随之减弱。

因此，项目化学习不能只注重结果而忽略过程，除了成果性评价以外，我们可以借助过程性评价跟踪项目进程，使学生在项目化学习中有合作、有讨论，享受过程，共同成长。

参考文献

巴克教育研究所，2008.项目学习教师指南——21世纪的中学教学法[M].任伟，译.2版.北京：教育科学出版社.

教育部，2018.义务教育语文课程标准（2018年版）[M]. 北京：北京师范大学出版社.

夏雪梅，2019.项目化学习设计：学习素养视角下的国际与本土实践[M].北京：教育科学出版社.

（该方案入围浙江省STEAM项目化学习教师挑战赛TOP100，作者被评为浙江省STEAM"项目化学习百强教师"）

❷ "体艺节·写出人物的精神"项目化学习案例

周彬

✏️ 项目名称

"体艺节·写出人物的精神"项目化学习

📖 项目简述

项目学习是一个在特定的社会环境中所发生的、需要参与者全身心投入的、有计划的行动。在本项目中,学生将在学校体艺节的真实情境中,再实践单元写作任务"写出人物精神""抓住细节",提升记叙文写作能力。虽然这是统编教材语文七年级下册的单元写作内容,但用恰切的语言生动地表现特定场景下的特定人物,可以随着学生年龄的增长、学习经验的增加不断深化。

遵循《义务教育语文课程标准(2011年版)》提出的:"在写作教学中,应注重培养学生观察、思考、表达和创造的能力"的目标,本项目将"人"置于学习的中央,投入情感与智慧,用相机捕捉人物在赛场上的表现,并通过镜头回放、采访再现等方式,回顾各项比赛的精彩瞬间,为照片创作解说文字,根据采访记录展现人物内心与精神气质。综合运用记叙、描写、议论、抒情等多种表达方式,完成一篇600字以上的记叙文并修改。最终合作完成"班级活动纪念册"的制作。本项目在八年级学生中实施。

驱动性问题

如何用语文的方式为班集体参与的唯一一个校园体艺节留下永久纪念？

核心概念

多角度观察人物，抓住特定场景下人物的特征，融入自我感受，进行创造性刻画。

学习目标

1. 学会与人沟通、交流与合作；
2. 学会根据需要选择角度，观察人物，搜集、筛选信息；
3. 提升记叙文写作的能力；
4. 运用集体智慧解决问题，完成任务；
5. 在观察、描绘、反思中，感受体育精神，增强班级凝聚力。

项目实施过程

一、前置准备

拟一个包含"突破"或"瞬间"的作文题,自由选材,写一篇记叙文。教师批改后记录学生写作中存在的主要问题。

二、入项

(一)情境驱动

由于去年的新冠肺炎疫情,本周即将到来的"体艺节"是我们在校期间的"唯一",可谓弥足珍贵,同学们在全员参与的同时,有没有想过我们能否以选择一种语文的方式把这个"唯一"记录下来,留下一点属于自己班级的永久纪念呢?

(二)项目介绍与任务分解

引导学生通过讨论,围绕语文学习,确定项目的成果形式——图文并茂的纪念册。明确在过程中,所要实现的写作目标是深入观察班级同学在"体艺节"活动中呈现出来的特点与精神,采用多种描写手法、表现方式,融合自己的感受与认识,有创见地表现出来,并能根据表达的需要修改文章,与同伴分享写作心得,合作完成"纪念册"。

1. 填写KWL表(见表1)。

表1 KWL表

关于"如何完成一本班级体艺节纪念册"我已知	关于"如何完成一本班级体艺节纪念册"我想知道	关于"如何完成一本班级体艺节纪念册"我应当进一步学习

学生交流讨论后,教师提供技能清单辅助。

2. 教师出示项目学习技能目标（见表2）。

表2 项目学习技能目标一览

沟通	科技应用	团队合作	设计	问题解决与批判性思考	任务与自我管理
记录与采访：在观看比赛的过程中，及时记下你观察对象的表现；编写采访提纲，深入了解对象	摄影、录音设备的使用	组建小组与角色分配	制定本组项目实施计划	对信息进行组织、合成和分类	制定进度表，明确任务
写作：给所拍摄的人物特写照片配上合适的文字；写作一篇体现人物精神的记叙文	图片、文字处理软件的使用	沟通：向小组展示，通报进展	用评价表来指导工作	产生创意	服从指令，保管文件并进行分类
发表：文档处理，图文编辑		冲突解决：综合不同观点，使用协商策略，求同存异，合作完善入册作品		问题解决策略的运用	自我约束，自我监督

明确每个人在本项目中要努力提高的自我素质。师生统一认识，调动学生积极主动地参与到项目中来。在此基础上，学生结合任务需要与自身特点，组建小组并进行角色认领与分配。

3. 拟定项目进程规划和小组项目进程表（见表3、表4）。

表3 "体艺节·写出人物的精神"项目实施进程规划

| 项目名称：体艺节·班级活动纪念册制作　　　　　　　　　学科：语文、信息 |
| 项目时常：2周 |
| 驱动性问题：如何用语文的方式为班级唯一一个金外体艺节留下永久纪念？ |

续表

时间	项目实施进程	评价点	学习支架
5月5日	前期准备	选择的写作内容能否体现"瞬间""突破"两个关键词；细节描写是否生动而有感染力	
5月6日	入项探索：子问题分解，组建小组并分工，完善评价表，填写计划书	积极投入，分工合理，有时间管理意识	KWL表、评价框架、计划书模板、团队协议书
5月7日	问题1：有哪些描写方法、该如何观察；如何确定写作对象	抓住人物特征，由外在体现内在；照片有特写	在特定场景中描写人物示范与实践
5月8—9日	问题2：如何获得有效的信息	搜集、筛选信息的能力	访谈录范本，特写范例；网络谈话节目《立场》《杨澜访谈录》等
5月11日	问题3：怎样让画册具有可读性	能够使用选择适当的工具进行图文排版，对排版进行有目的且有步骤的探究；文字生动，细节突出，能在场景中表现人物精神，文章有整体感	排版工具运用；范文回顾，作文升格，分级评价量表
5月12—13日	成果修订、排版	图文协调，文字规范	
5月14日	成果展示	介绍、演说能力	评价单
5月15日	出项	自我调控、反思有计划	反思表

表4 第一组学生进度表

时间	任务	负责人	完成情况
5月7日	学习写作知识，制定评价量规	个人、教师	
5月8—9日	拍摄人物照片，片段写作；观看相关资源，提炼要点，完成人物专访，成文	个人、组长	
5月11日	组内交流、修改文字部分，学习图片处理与图文排版	个人、组长、教师	

续 表

时间	任务	负责人	完成情况
5月12—14日	小组合作选出最佳作品，班级展示，确定入册，编辑	个人、组长、教师	

4. 教师出示纪念册范例，师生共同明确纪念册图文创作的原则：摄影照片选择能够体现在特定环境中人物精神状态的作品；文字稿能够围绕人物，展现精神。

三、知识与技能构建

（一）项目写作课堂——抓住细节、写出人物的精神

学习目标：

（1）学会抓典型场景，表现人物内在特点；

（2）整合各类信息，综合运用记叙、描写、议论、抒情等多种表达方式，体现人物精神。

学习过程：

活动一 我可以写什么？

播放头一天比赛中本班学生的精彩瞬间，学生口头描述场景与照片人物，明确写作对象。

活动二 我的聚焦在哪里？

展示前置任务中学生对"瞬间"或"突破"的表现，找出病文特点：没有典型的事例与丰富的细节，无法凸显人物在特定场景下的生动表现，更不能由表及里反映人物精神。

活动三 寻找最佳表现方式

突然，客人惊奇地屏住了呼吸，只见面前的小个子那对浓似灌木丛的眉毛下面，一对灰色的眼睛射出一道黑豹似的目光，虽然每个见过托尔斯泰的人都谈过这种犀利目光，但再好的图片都没法加以反映。这道目光就像一把锃亮的钢刀刺了过来，又稳又准，击中要害，令你无法动弹，无法躲避。仿佛被催眠术控制住了，你只好乖乖地忍受这种目光的探寻，任何掩饰都抵挡

不住。它像枪弹穿透了伪装的甲胄，它像金刚刀切开了玻璃。在这种入木三分的审视之下，谁都没法遮遮掩掩。

——茨威格《列夫 托尔斯泰》

但如果只看手，会误认为大鹏是个干体力活儿的老粗——他的手骨骼突出，骨节粗大，两手手心和左手五指上都覆着厚厚的老茧。那是常年苦练的结果。

——叶三《二重奏》

小支架：茨威格写的传记《列夫·托尔斯泰》中，外貌描写非常突出，而在这个段落中，作者又抓住托尔斯泰的目光，用"客人"的视角来精雕细刻，凸显人物之与众不同。而媒体人叶三的《二重奏》写的是一个大提琴演奏家的专访，他注重的是体现人物特点的外在细节的捕捉。

借鉴点：我们要给班级的"体育明星"捕捉瞬间，就要考虑运动场这一特定环境中人物的外在形态，在展现细节时，予以"聚焦"。

关公曰："酒且斟下，某去便来。"出帐提刀，飞身上马。众诸侯听得关外鼓声大振，喊声大举，如天摧地塌，岳撼山崩，众皆失惊。正欲探听，鸾铃响处，马到中军，云长提华雄之头，掷于地上。其酒尚温。

——罗贯中《三国演义》

他一看见鲨鱼，就一桨朝它戳去。鲨鱼迅速浮上来，露出脑袋，老人趁它的鼻子伸出水面，接近那条鱼的时候，对准它扁平的脑袋正中刺去。老人拔出刀刃，刺向同一个地方。它咬住了鱼不放，老人一刀戳进它的左眼，再用刀子撬开它的下颚，它才放开马林鱼，沉入海底。

——海明威《老人与海》

小支架：这两段是非常典型的动作细节描写，描写一组一气呵成的动作，表现出人物的勇敢。在"关公温酒斩华雄"中，又采用正面描写与侧面烘托相结合的方法，塑造关羽武艺高强、英勇非凡的形象。

借鉴点：动作细节的节奏把握很重要，要写一组动作，将细节放大，采用场景烘托的方法。

也不知道稼先在蓬断草枯的沙漠中埋葬同事、埋葬下属的时候是什么心情?

"粗估"参数的时候,要有物理直觉;昼夜不断地筹划计算时,要有数学见地;决定方案时,要有勇进的胆识和稳健的判断。可是理论是否准确永远是一个问题。不知稼先在关键性的方案上签字的时候,手有没有颤抖?

戈壁滩上常常风沙呼啸,气温往往在零下三十多摄氏度。核武器试验时大大小小突发的问题必层出不穷。稼先虽有"福将"之称,意外总是不能完全避免的。1982年,他做了核武器研究院院长以后,一次井下突然有一个信号测不到了,大家十分焦虑,人们劝他回去,他只说了一句话:"我不能走。"

——杨振宁《邓稼先》

小支架:人物的心理是表现其精神的重要方面,揣摩人物心理,通过合理推测、他人评价等方式,展现人物内心。人物自己的语言能增强文章的可读性和可信度。

借鉴点:紧张激烈的比赛过程中,运动员是不能说话的,应当如何获得运动员当时的心理活动与事后自我总结呢?可以采用访谈当事人以及他周边的人,深入了解,使文章更有可看性。

活动四 师生共同制定作文评价量表(见表5)

表5 写作评价量规

等级	标准
A	场景捕捉巧妙,细节具体,描写抓住人物特征。整篇文章的写作,抓住气质,还原情境,聚焦"瞬间",运用正面描写与侧面烘托相结合手法,采用多种表达方式体现精神
B	场景捕捉较为巧妙,细节较具体,表现人物特征。运用一两种表现手法,表现人物某个精神特点
C	有场景,有细节描写意识,采用一种以上描写手法,写出人物的某个特点

活动五 练笔修改,实践方法

选择自己练笔作文中的一个段落,综合运用细节描写的各种方法,进行修改提升。

（二）项目其他资源支架搭建

1. 人物访谈技巧。

在处理细节的时候，学生不光要学会观察、记录、提炼，同时学习一些人物访谈的技巧，对人物有更加深入的理解也十分必要。由于课内资源有限，引导学生通过在图书馆查阅资料、上网搜集资料等方法，学习更多的、更实用的技能。师生共建资源：

视频资源：《杨澜访谈录》、《立场》（易立竞）、《朗读者》等。

纸质资源：叶三《我是记者，报道人物，怎么安排采访既能出深度又高效》，易立竞《易见：对话姚晨》，统编教材八年级上册语文教材、八年级上册语文作业本等。

以学生自主学习为主，学习后确定采访思路，列写采访提纲。

2. 图文排版技巧。

工具：WPS图文编辑、Indesign排版工具、Photoshop图片处理工具。

本项目历时一周半，与学校体艺节时间基本重合。课内活动三课时，其他活动安排在课外。在入项课之后，师生共同完善项目顶层设计，在知识建构过程中，由教师主导，之后学生围绕核心任务自主开展活动。

四、批判性反馈和修改

项目中期，每个同学完成初步创作：选择一张照片为其配上解说文字，写一篇以人物为中心的记叙文。

（1）组内互评：根据写作评价量规，给组内成员作品评定等级。

（2）分享自己的学习感受，提出修改意见。

（3）修改评议，有疑问向老师请教。

以下为第一小组合作探究记录。

第一小组合作探究记录

成员：王鹏辉、邹依诺、黄柯翰、金申昊、杜湘宜

摄影与修图：邹依诺　黄柯翰

文字：在金申昊的底稿基础上，结合杜湘宜采访稿，小组讨论修改后形成。

在裁判五秒倒计时的喊声中，他拿到了球。只见他稍一运球后，到了三秒区，纵身一跃。不畏惧防守人的"封盖"，身子向后仰，高举的双臂在空中滞留一会儿，然后拨腕投篮。他的动作舒展、唯美，如大鹏展翅一般。那颗棕色的皮球在天空中划过一道优美的弧线，伴随着17号落地的瞬间，空心入网！秒表停留在了最后1秒。全场沸腾。赛后，他的对手说："他双脚离地的瞬间，整个球场都安静了。我起跳欲追，却为时已晚。他将球越举越高，身影好似遮天蔽日，将我的心笼罩在阴霾之中……"

这是来自对手的赞美，也是篮球激发的魅力。

师生评议过程：最后一记绝杀，现场精彩绝伦。我们要体现出17号球员球技高超的特征以及在赛场上果敢、沉着、全情投入于比赛的精神气质。所以在采用动作细节描写的基础上，通过赛后采访补充对手当时的心理活动、场外的环境来烘托人物，体现他高大的形象。

附：邹依诺访谈节目及纸质资料的观后体会

采访时，除了提问要围绕采访主题以外，可以问细节，比如说董卿在采访吴孟超时，第一个问题就问他的食指为什么会变形，呈现吴老的话可以让形象更真实。还要注意观察记录采访对象的状态、神情的细节，及时记录。同时采访对手、队友等和比赛直接相关的人，来获得更多信息。

场下的瞬间 　　在运动场上，最令人难忘的瞬间可能是篮球入框的那一刻、足球射门的那一秒抑或是排球腾空的那一瞬。但其实令人动容的何止一瞬？ 　　时间又回到篮球决赛的最后时刻。现在的比分是 25∶26，胶着的分数牵动着每一个人的心弦。场上的两班球员严阵以待，<u>场边的观众们更是将目光粘在那翻飞的棕色篮球上，连眼睛都不敢眨一下，生怕错过了某个关键球。全场没有高声的呼喊，只有些许私语的嘈杂，更多的人则是屏息凝神关注场上动向。</u> 　　我站在落后一方的阵营中，一边死死盯着场上情况一边向周围人询问剩余的时间——还剩下 10 秒。 　　<u>现在是我方球权，我方 7 号金申昊正在运球寻找得分机会。</u>他已经在场上打了半个多小时了，体力所剩无几。<u>他汗流浃背</u>，7 号球衣被汗水浸湿，紧紧印在前胸后背，头发也因汗水而凌乱不堪，但他依旧全神贯注，将球运得有条不紊。 　　他猛地加速，刺入对方内线使对方不得不将防守重心放在他身上。此时就在对方以为他将强突的时候，他将球传给了 17 号严立可。17 号，举球，起跳，伸臂，拨腕，进球。动作一气呵成。进球"唰"的一声如火星一般，点燃全场，欢呼声响成一片。哨声响起，比赛结束。	小组评议过程： 　　文章除了写下场的瞬间还花大笔墨写了比赛的瞬间，建议改为： <u>回顾动人瞬间</u> 　　以场外观众的反应来写赛场，"粘""屏息凝神"等词语用得非常棒！ 　　可以更简洁一点：<u>现在球在我方 7 号球员手上。</u> 　　语义重复，把"他汗流浃背"删去。 　　本篇主要描写人物是金申昊，文字聚焦这个人物，其他人物略写，可谓详略得当。

金申昊带着如释重负的笑容走向场边。双脚刚刚越过边线,他就像用尽发条的玩偶般摇摇晃晃,最后跪倒在地上。他的双臂颤抖着撑着地面,才勉强不让自己瘫倒。他的后背球服如磁铁般严密地吸在身上,显露出他那略显瘦小的身躯。他口中不停地大口喘气,胸口剧烈地一起一伏似海浪般汹涌。 那一瞬间,我回想起之前场上的他如利剑出鞘般的"突破"与饿虎扑食般的"争抢",还有神妙莫测的传球与变幻无常的运球。——他用拼尽全力与精疲力竭,换来了胜利。 我明白,一定还有很多这样的瞬间在场下发生。这场上场下的一个个瞬间,正是集体拼搏精神的完美诠释。	非常详细的细节描写,展现了球员下场后的精疲力竭。 议论结尾,但是文字太普通,经讨论,决定改为:篮球巨星科比曾说:"比起总冠军,我更为我们那些艰难岁月而感到骄傲,因为我们从未放弃。"场上"瞬间"越精彩,场下"瞬间"越惨烈,永不放弃,不断挑战正是奋斗人生的完美诠释。

五、出项

在各小组完成自己的图文修改之后,全班商议排版思路,求助信息老师,每组派出一名同学进行排版,形成最终的项目成果。

完成后,在教室电子白板进行展示。

所有同学在项目完成后,进行反思。

学生根据《项目学习个人评价单》和《项目学习小组评价单》进行自我评价与反思。

表6 "体艺节·写出人物的精神"学习个人评价单

能力要素与分值	素质描述	满分	评分			总分
			自评	他评	师评	
主动提升基本素养(50分)	1. 积极参与项目学习完成个人任务	14分				

续 表

能力要素与分值	素质描述	满分	评分 自评	评分 他评	评分 师评	总分
主动提升基本素养（50分）	2. 按时参与小组讨论	12分				
	3. 主动查阅资料，观看一期以上视频资源，学完参考文章	12分				
	4. 根据组员、组长与教师的意见完善自己的作品	12分				
主动提升思维能力（30分）	1. 遇到问题能积极主动地寻求解决方法	10分				
	2. 会利用各种资源解决问题	10分				
	3. 能够根据实际情况积极调整方案	10分				
主动提升个人素质（20分）	1. 能与小组成员分享自己的资源、成果和发现	5分				
	2. 认真审阅组员作品，倾听组员意见，并提出自己的看法	5分				
	3. 遵守小组协作的规则，善于协调	5分				
	4. 约束自我，善于时间管理	5分				

对于评分我的认识：

我认为今后可以改进的是：

表7 "体艺节·写出人物的精神"项目学习小组评价单

关键要素与分值	简要描述	满分	评分 组长自评	评分 其他组长评	评分 师评	总分
语言表现（40分）	1. 按计划完成各项任务	10分				
	2. 小组分工合理，组员发言积极主动	10分				
	3. 组长协调能力好	10分				
	4. 小组作品呈现时，阐述清晰	10分				

续表

关键要素与分值	简要描述	满分	评分			总分
			组长自评	其他组长评	师评	
思维能力（30分）	1. 小组成员分析问题能力强	10分				
	2. 组长集思广益	10分				
	3. 组长评价反馈能力强	10分				
团队氛围（20分）	1. 团队合作融洽，氛围活跃	10分				
	2. 对团队作品充满信心	10分				
我认为在今后的项目化学习中，小组合作应当在这些地方有所改进：						

制定与本项目学习目标一致的表现性评价，能够让学生有更明确的学习方向，帮助他们达到甚至超过标准。另一方面，学生的自主性越高，越便于教师对整个项目的实施过程进行有效管理。

学习成果举隅

（一）"纪念册"样刊

她右腿膝盖上有一个拳头大小的伤口，几条淤青的痕迹格外显眼。深吸一口气，一击，球笔直地向前飞去，对手们手忙脚乱，猝不及防。球打着旋落到地上，欢呼声卷全场，她目光依旧坚定。眼睛紧盯着对方手里的球，蓄势待发……在场上，她以积极的扣球、自传球、垫球将比分渐渐拉了回来，她重新变成了队里的灵魂人物。哨声响起，在同学们的欢呼声中，她走下球场，面带笑容，腿微颤抖。

林文仪/文　邹一诺/摄

一场比赛终于落下帷幕，结果让所有人紧张的神经松弛下来。难以抑制内心如泉涌的喜悦，刚才还像灌了铅的双腿也似乎变得无比轻盈。她轻快地跃起，不堪重负的身躯一瞬间迸发出无限的激情与活力，被汗水浸湿的球衣贴在她的后背，脑后凌乱的发丝旗帜般飞扬，她举起双臂，朝同伴比"V"字，微眯起眼灿烂一笑，薄薄一层汗水使她泛红的脸颊闪闪发光。她向远处的同伴再一次宣告此次"战斗"的丰硕果实——我们赢了。

王一/文　邹一诺/摄

"虽然比分落后，总不能让伤病号上吧"，我听见几人交谈着，心里默默地为我们班的情况捏着一把汗。10∶8，11∶8，12∶8，队员们早已筋疲力尽，越来越不在状态。我们的比分逐渐地落下。"你休息一下，让我来吧。"一个声音从场外传来，扭头一看，我的目光遇上了她坚定的眼神，她笑了笑，一瘸一拐地向我们走来。那一瞬间，让我变得坚定，相信我们一定可以成功。她的微笑就如一束光，给了全队穿越黑暗的信心。

那场比赛我们赢了，离开比赛地时，我不知怎的，一直看着她。她慢慢地，一瘸一拐地走着，小腿的那块淤青变深变大了……

王之语/文

身体向前微倾，翘首而望。"女排教员员"，没错，敌我的优劣势，常用的技巧，场上的情况，他们都了如指掌。看那微曲的手，弯出的是期待；看那叉腰的手，撑出的是信念；还有那举在耳侧的手，掩饰的是忧虑。

场上队员的一举一动，都牵动着他们的心，少了分喧哗，多了分深思。他们深邃的眼神，也许关注的并不只是结果吧？

杜湘宜/文　袁羽成/摄

周彬/摄

足球 Football

夕阳将金黄色的余晖洒向大地,队员们伫立在这块刚进行过"搏击"的战场上,浓郁的青草芳香宣告着胜利,可惜,它不属于我们,每个人都汗流浃背,在激烈的比拼中,每个人的球衣都不再洁白——那是光荣的印记。队员们有的因失败而叹惋,有的因失误而哀伤,但更多的是对下一场的期待——即将落幕的夕阳,明天会东山再起!

徐梓涵/文

邹一诺/摄

金申昊运着球过半场。我和王一鸣连忙向前逼去。他忽然一闪。假投真传,把球传给了严立可。我后背一凉,要知道严立可作为六班队长,实力是不容小觑的。整场比赛下来,他也夺得了极高的比分。我使尽了全力,左脚向后一蹬,跳起来试图干扰他的投篮路线,可此时似乎为时已晚。只见他将目光投向篮筐,似乎在计算投篮的弧线与角,身体微微向后倾斜,双脚一蹬,手指对着球,腾空着将篮球高举过头顶,大滴的汗珠滴下,眼里散发出坚定的光芒。他右手轻轻一抖,避开我的手,球直奔球筐,我急忙向后观察,可最后篮球空心入网,篮网发出清脆而又响亮的震动声。

陈宗焕/文

在周围观众的呐喊声中,2号持球准备突破,气氛顿时紧张了起来。可这时,眼前一阵恍惚,只见一道身影迅速冲到了2号面前。是7号!他死死盯住了2号,尽管有不小的身高差距,可在7号眼中,2号只是他看上的猎物。他全身肌肉紧绷,伸出的五指极力地张开,丝毫不给对手留一丝的进攻空间。面对7号毫不松懈的防守,2号只能不停地运球,最后迫不得已将球传走。据赛后2号回忆,在面对7号时,他就像在对着一堵厚实得密不透风的墙,小小的身体竟有如此大的压迫感……

陈淼楠/文

王一/摄

(二)查看整本"纪念册"请扫描下面二维码

项目成效与反思

（一）课堂文化的建设与知识系统的建构同样重要

项目化学习对于师生来说都是一种新的尝试。我们既然决定走向项目学习，就应当打破以知识传授与写作技能训练为追求的课堂。尤其是学生刚刚接触项目化学习的阶段，努力让学生成为学习的主人，变被动为主动，和学生共同建立课堂运作的准则，并且想办法让学生自我监督是非常重要的。自主学习能力的培养，不是附属目标，而是项目目标的重要组成部分。在给予点到即止的指导后，学生就知道做什么，不需要由老师手把手地教及经常性的督导。

为建设这种积极的课堂文化，教师除了设计高质量的项目驱动问题以激发学生的学习积极性外，还应努力创造平等、包容的学习氛围，将班级变成一个学习共同体。

（二）重视项目学习的评价和反思

写作评价量表的制定来源于课程标准。虽然这个过程对于专注于传统教学过程的老师与学生来说都有些困难，但是即便是拙劣的尝试，共同参与的师生都会有不一样的收获。

在对照标准进行修改和评议的过程中，学生能够对自己的创作有更高的视角，尝试寻找修正自己作品的方法。在反思与修改的过程中，提升对记叙文中写作方法的理解，让我们的学生充分思考：在现实世界中，如何更好地运用写作知识达到表达目的。这是我们在传统课堂上零碎、割裂的写作训练所不能达到的。

当然，还有一点非常值得反思：我们最终的作品，代表了谁的水平与能力？写作是一件相对个人化的事务，团队共同完成的片段与篇章，凝结团队共同的智慧。那么当学生一个人面对写作任务的时候，他是否能够独立应对呢？在过程中，我们应当充分评估学生个体的学习情况，而不是只评估团队创作成果。

（三）在真实情境中培养学生对生活的观察与感知力

将项目化学习置于校园活动的背景中，不仅仅在于使项目拥有一个真实情境，让知识有一个运用场景，更在于让学生在实践中体悟作文的素材来源于生活，写作技巧的运用在于更好地表现生活，将生活艺术化可以更接近生活的本质。这对于学生写作观的影响是很大的，树立正确的写作观，能使其终身受益。

参考文献

巴克教育研究所,2008.项目学习教师指南——21世纪的中学教学法[M].2版.北京：教育科学出版.

娄红玉,2020.初中语文项目写作活动的设计与实施——以统编教材八年级上册第二单元为例[J].中学语文教学参考(8).

苏西·博斯,约翰·拉尔默,2020.项目式教学：为学生创造沉浸式学习体验[M].北京：中国人民大学出版社.

夏雪梅,2020.项目化学习的实施：学习素养视角下的中国建构[M].北京：教育科学出版社.

浙江省教育厅研究室,2018.义务教育教材.语文作业本.八年级上册.杭州：浙江教育出版社.

③ "垃圾分类·创意写作"项目化学习案例

潘丽云 徐娟

📝 项目名称

"创意写作"项目化学习

📖 项目简述

随着环境保护的需求和人们环保意识的逐渐增强,"垃圾分类"已然成为社会焦点。本项目以此为契机,紧扣九下"有创意地表达"写作任务,以项目化学习为方式,通过多种创意文本宣传垃圾分类,在校园内掀起一场以"垃圾分类"为新风尚的潮流。该项目在九年级进行,融合社会、音乐、信息技术等学科,引导学生自主建构,主动探索,合作学习。

❓ 驱动性问题

"垃圾分类"成为时下社会新时尚,作为中学生的我们,如何通过创作,开展多样、有效的宣传活动?

核心概念

创意性表达，就共同关注的热点问题，运用语言文字等方式创造性地表达自己对世界的理解。

学习目标

1. 了解垃圾分类的原则与意义；
2. 学会运用多种表达方式，有创意性地进行"垃圾分类"宣传；
3. 评选优秀成果，总结经验，并且在全校进行宣传和推广，强化"垃圾分类"的意识，宣传"低碳生活"的理念，倡导"简约适度"的生活方式。

项目实施过程

一、入项活动

（一）了解全球垃圾分类现状及垃圾分类的意义

（1）了解人类与垃圾的关系，明确垃圾是错放了地方的资源，以及国外垃圾分类的情况。

（2）面对"垃圾分类"，我们可以做些什么？

（二）问卷调查设计与统计

活动伊始，在全校范围内对垃圾分类意识与宣传方式进行了问卷调查（见表1）。

表1　垃圾分类问卷调查表

问题1	你是否了解该如何进行垃圾分类？			
选项	A. 了解	B. 一般	C. 不了解	
占比	78%	20%	2%	
问题2	你是通过何种途径了解垃圾分类相关知识？			
选项	A. 电视广播	B. 报刊书籍	C. 老师传授	D.其他
占比	32%	24%	40%	4%
问题3	在日常生活中你是否会自觉进行垃圾分类？			
选项	A. 经常会	B. 偶尔会	C. 不会	
占比	58%	30%	12%	
问题4	你认为垃圾分类重要吗？			
选项	A. 非常重要	C. 一般重要	C. 不重要	
占比	76%	18%	6%	
问题5	你所在的班级、寝室的垃圾分类是否按照要求？			
选项	A. 完全按要求	B. 大部分按要求	C. 小部分按要求	

续表

占比	48%	44%	8%	
问题6	你认为现存关于垃圾分类的问题有：			
选项	A. 缺乏意识	B. 技术落后	C. 设施不完善	D. 其他
占比	64%	12%	16%	8%
问题7	你有经常接受垃圾分类的教育或看到有关宣传吗？			
选项	A. 有	B. 没有	C. 没注意	
占比	86%	4%	10%	
问题8	目前你见到过哪些垃圾分类宣传方式？（可多选）			
选项	A. 宣传手册	B. 电视节目	C. 广播	D. 其他
占比	42%	24%	20%	14%
问题9	你认为垃圾分类的宣传是否有必要？			
选项	A. 有必要	B. 没有必要		
占比	88%	12%		
问题10	你是否会主动劝导他人垃圾分类？			
选项	A. 经常会	B. 偶尔会	C. 不会	
占比	28%	56%	16%	
问题11	你对我校垃圾分类的宣传工作有什么建议？			

问卷面向初一至初三1450名学生发放，调查结果（见图1）显示，虽然垃圾分类已成为我们生活的一部分，大部分同学已有垃圾分类意识与自觉，但仍有一部分同学垃圾分类意识薄弱，认为垃圾分类不重要，且认为宣传方式较为单一。作为新时代的青少年，我们可以开拓思维，结合所学，创新垃圾分类多样的宣传方式，为社会发展出一份力。

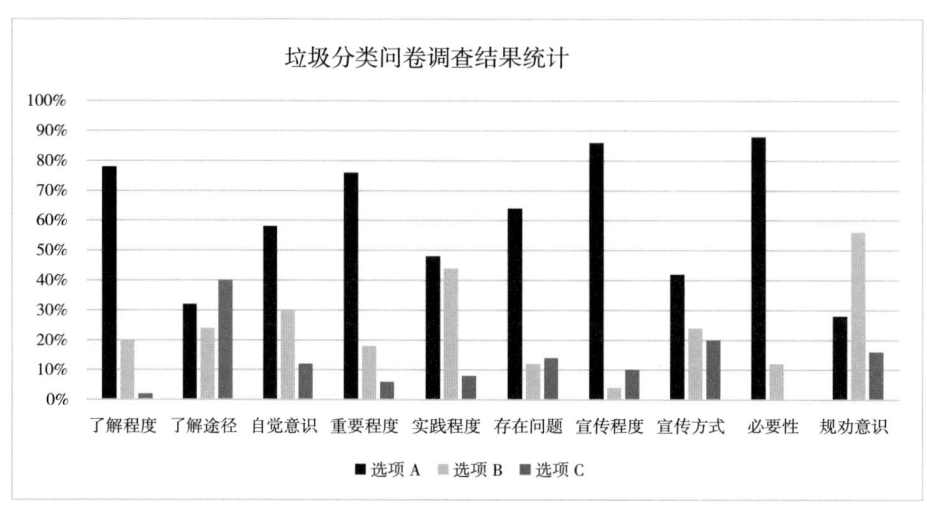

图1　问卷调查结果统计图

（三）驱动任务

1. 提出驱动性问题。

教师出示问卷调查统计图，学生分组讨论，分析总结我校学生垃圾分类现状，提出驱动性问题："垃圾分类"成为时下社会新时尚，作为中学生的我们，如何开展多样有效的宣传活动？

2. 分解项目。

（1）撰写倡议书，进行全校宣讲；

（2）编写宣传语，展现分类常识；

（3）情景剧演出，增强分类意识。

（四）拟定活动框架（见表2、图2）

表2　学习进程表

第一周	了解垃圾分类知识→设计问卷→发放问卷→结果统计
第二周	落实"有创意地表达"相关知识→拟订方案→搜集资料
第三周	学写倡议书→制定评价量表→修改倡议书
第四周	撰写宣传语/创编舞台剧/……→班级内展示并提出建议→修改完善
第五周	排演并展示→评价与反思

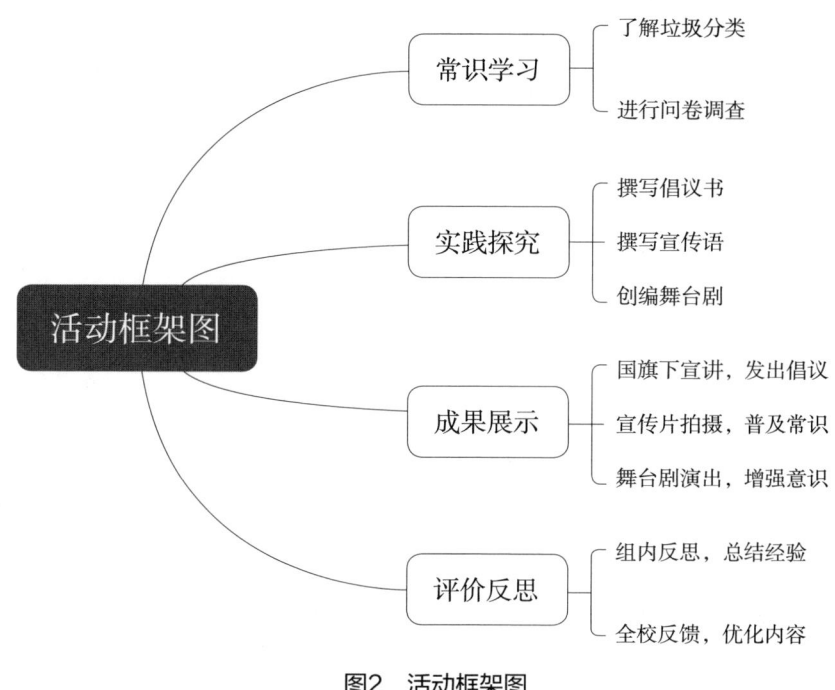

图2 活动框架图

（五）初定评价量规（见表3）

表3 实践内容表

涉及的学习实践	备注
探究性实践（√）	基于有效探究，对他人的成果进行评价
社会性实践（√）	讨论倡议书、宣传语、剧本的要点；组成小组，明确小组成员分工
调控性实践（√）	制定小组活动计划表；修订与反思活动过程
审美性实践（√）	宣传语的设计、舞台布景设计与造型创意
技术性实践（√）	合理运用多媒体、PPT、背景音乐等
……	……

二、知识与技能构建

（一）任务一：学习有创意地表达

1. 视角要新颖。

出示课文选段，引导学生思考其写作视角及作用，完成下表（见表4）。

表4 写作角度分析表

标题	写作视角	作用	评价
《孔乙己》			
《我的叔叔于勒》			
《一滴水经过丽江》			
《背影》			

小结：我们在选取视角时，可以从材料的正面入手，也可以从反面进行切入；可以从主要人物入手，也可以站在故事中毫不起眼的小角色的立场来阐述。

头脑风暴：对于垃圾分类，我们可以站在哪些视角进行宣传？

2. 语言表达要新颖。

"语言新颖，涉及词语使用、句式选择、修辞手法等诸多方面。

> 春风拂面，撩人心扉。
> 春风唱着歌，欢快地朝我们走来。
> 春风的脚步很轻盈，悄悄来到我们身边。
> 是谁吹暖了冰冻的河水？是谁吹醒了柳树的嫩芽？
> ……

同样是表达'春风来了'的意思，怎样表达才更有新意呢？不妨用多种语言形式，说说看吧。"

——统编版九年级下册语文教材

思考并讨论：宣传垃圾分类可以运用哪些语言形式？

3. 表现形式要新颖。

阅读《傅雷家书》选段，讨论书信形式的特点包括哪些？

> 亲爱的孩子：
>
> 昨天整理你的信，又有些感想。
>
> 关于莫扎特的话，例如说他天真、可爱、清新等等，似乎很多人懂得；但弹起来还是没有那天真、可爱、清新的味儿。这道理，我觉得是"理性认识"与"感情深入"的分别。感性认识固然是初步印象，是大概的认识；理性认识是深入一步，了解到本质。但是艺术的领会，还不能以此为限。必须再深入进去，把理性所认识的，用心灵去体会，才能使原作者的悲欢喜怒化为你自己的悲欢喜怒，使原作者每一根神经的震颤都在你的神经上引起反响。否则即使道理说了一大堆，仍然是隔了一层。一般艺术家的偏于intellectual[理智]，偏于cold[冷静]，就因为他们停留在理性认识的阶段上。
>
> ……

明确：有明确的阅读对象，富有感染力，能够打动人心。

不同的表现形式有着不同的特点，可以根据表达所需进行选择。完成下表（见表5），思考宣传垃圾分类可以运用哪些表现形式？

表5　表现形式特点归纳表

表现形式	特点	适用场合
童话		
剧本		
小说		
书信		
……		

4. 拟定宣传方案。

各小组课后进行讨论，确定本组所选择的宣传形式、宣传角度及语言方式，并收集相关资料，进行组内分工。

（二）任务二：完成子项目

子项目一：撰写倡议书

1. 引导点播，学写倡议书。

（1）设情景，定观点。

情景设置：某学校食堂，学生用餐后不进行垃圾分类，导致大量的食物、可回收物浪费，面对这样的情景，你有什么话要说？

学生讨论对策：应向全校师生进行宣传——倡议进行垃圾分类。

交流汇报，统一明确观点——倡议全校师生"垃圾分类，从我做起"。

（2）托语境，析原因。

小组合作学习：思考该如何将自己的观点提炼成倡议书写作的内容？

教师引导：PPT出示垃圾分类问卷调查统计结果，根据结果分析现象，引导学生畅所欲言，说一说导致情景中的学生不进行垃圾分类的原因，并表达自己认为需要普及、强调的任务。

举例：①规劝他人的意识不强。②垃圾分类方法掌握不足。③垃圾分类意识缺乏等。

（3）思维图，理倡议。

任务布置：在小组合作的基础上，完成倡议的内容。

教师引导：提供图表（见表6）。

表6 倡议内容表

现象	原因	对策	倡议

小组共同探讨，将现象、倡议的内容、对策——对应。

倡议书构思单

向谁倡议：＿＿＿＿＿＿＿＿＿＿＿＿＿＿＿＿＿＿＿＿＿＿＿
↓
为什么倡议：＿＿＿＿＿＿＿＿＿＿＿＿＿＿＿＿＿＿＿＿＿＿
↓
倡议什么内容：
（根据表格填写）
1. ＿＿＿＿＿＿＿＿＿＿＿＿＿＿＿＿＿＿
2. ＿＿＿＿＿＿＿＿＿＿＿＿＿＿＿＿＿＿
3. ＿＿＿＿＿＿＿＿＿＿＿＿＿＿＿＿＿＿

（4）做总结，明文体。

定义：倡议书是个人或集体提出建议并公开发起，希望共同完成某项任务或开展某项公益活动所运用的一种专用书信。

特点：①读者的广泛性。倡议书不是对某个人或某一小集体而发的，它的受众往往是广大群众。所以，其阅读对象十分广泛，写作时应有对象意识。

②响应者的不确定性。倡议书的对象范围往往是不确定的，即便是在文中明确了倡议的具体对象，但实际上有关人员可以表示响应，也可以不表示响应，它本身不具有很强的约束力。即便是与此无关的别的群众团体，也可以有所响应。

③内容的公开性。倡议书就是一种广而告之的书信。它就是要让广大的人民群众知道、了解，从而激起更多的人响应，以期在最大的范围内引起共鸣。

2. 写作实践，完成倡议书。

请同学们结合"垃圾分类，从我做起"试着完成倡议书，教师提供写作支架：

（1）规范格式。

感谢信、倡议书、邀请函等都是书信的一种，格式与一般书信大致相同。一般由标题、称呼、正文、结尾、落款五部分组成。

标题可直接用倡议书、感谢信、邀请函做题目，也可以由倡议内容和文件名共同组成。

另起一行顶格写称呼，称呼根据倡议的对象恰当选用。

正文往往要写清背景原因或写作目的，要有具体的内容和要求。

结尾再次重申决心和希望，或者写出某种建议。倡议书一般不在结尾写表示敬意或祝愿的话。

右下方落款写单位名称或个人名字，在下面写清日期。

（2）呈现要点。

格式正确，开头吸睛；

内容具体，分条开列；

表达清晰，语言有力；

适应场合，设计巧妙。

（3）填写评价量表（见表7）。

师生讨论，共同制定评价量表。

（4）修改倡议书。

根据教师提供的写作支架与评价量表，组内讨论、互评，及时修改本组倡议书。

（5）展示与评价。

以小组为单位展示所写的倡议书终稿，按照以下表格给自己和其他小组的倡议书打分（倡议书初稿与终稿举隅见"学习成果举隅"）。

表7 "垃圾分类倡议书"写作评价量表

评分标准	小组互评得分	教师评价得分
格式正确，内容完整（10分）		
逐条递进，内容具体（20分）		
适用场合，巧妙表达（30分）		
语言有感染性，妥善得当（10分）		
要点选择新颖，知识点明确（20分）		
标点处理得当（10分）		
病句、错别字（每处扣1分）		
优点		

续 表

评分标准	小组互评得分	教师评价得分
不足		
修改建议		
评价人签名		

子项目二：撰写宣传语

在宣传语的创作过程中，其中一组学生提出了"三句半"的创意。但因为这种语体活跃在民间，学生并不熟悉，于是请教了有专长的侯礼学老师。大家觉得：三句半不仅有文字，能演绎，还可以与舞台剧相融合。初步作品创作如下：

  天高气爽闻啼鸟，今天我们说环保，垃圾分类是时髦。真好！
  当初垃圾随意倒，刺鼻味道有点飘，有害无害都混淆。心焦！
  金外师生有奇招，略施小计都分好，想要知道有多妙。听好！
  笔芯电池过期药，有害分放效率高，果皮骨头属餐厨。记好！
  纸张塑料可回收，除此之外算其他，垃圾分类有一套。重要！
  室内垃圾寻不着，定时投放有情操，疑惑有人来指导。绝妙！
  五学五进方法好，四减四分真奇妙，三定三查是王道。可靠！
  垃圾数量变得少，环境整洁更美好，校换新颜我含笑。骄傲！

作品在班级里进行展示，教师与其他小组同学共同讨论制定评价量表（见表8），根据量表提出修改意见。之后再进行斟酌修改，作品终稿见"学习成果"部分。

表8 "三句半"写作评价量表

等第	A	B	C	小组评	教师评
遣词造句	完全做到押韵与同调，"半句"字数在三个字内且保持一致	基本做到押韵与同调，"半句"字数在三个字及以内且保持一致	不能做到押韵与同调，"半句"字数不能保持一致		
内容	与垃圾分类知识完全相关	与垃圾分类知识基本相关	与垃圾分类知识关系不大		

续表

等第	A	B	C	小组评	教师评
表演效果	调动气氛，起到宣传垃圾分类的效果	能在一定程度上调动气氛，基本起到宣传垃圾分类的效果	无法调动气氛，无法起到宣传垃圾分类的效果		

子项目三：创编舞台剧

九年级学生已学过相关剧本知识，便有小组提出可以通过舞台剧形式宣传垃圾分类。舞台剧部分的创作涉及剧本编写、人员分工等内容，该小组学生结合所学知识设计了以下内容：

第一幕

（音乐起，女生独唱）：

灰灰的天／和麻木的眼／暗处的烈焰／地下的长眠／怎得救药／只得静静祈祷

（两男两女上）

男1：哎呀，妈呀，环境问题这么紧张！

男2：垃圾分类迫在眉睫啊！

女1：哎呀，要我说，你们真是小题大做啊！真是杞人忧天！在没有垃圾分类的几千年里，不都这么过来了吗？

女2：就是啊，这垃圾分类，我分了，你又不分，我们都分了，垃圾车又不分，还不是白忙活吗？

女1：就是就是。

女3（可回收垃圾桶）：嘿，空矫情什么呢？这不"救药"来了吗！

（唱）：纸张、塑料、金属和木材，能变废为宝的都是我的菜。

女4（厨余垃圾桶）（唱）：残羹剩饭、瓜壳和果皮，注意！硬骨头都属于这兄弟。

男3（其他垃圾桶）：砖瓦玻璃什么的都归我管，天生坚实不是它们的错，纸巾布料之类的软家伙，在我这也算是硬通货。

男4（有害垃圾桶）（唱）：哎，别被我的名字吓坏了，废电池、废笔芯、过期药品之类的，虽然危害大，但只要投对了地方，一样不算啥。

> 第二幕
>
> （《燃烧吧，卡路里》音乐起，学生变唱边跳）：每天起床第一句，垃圾分类要记牢。每次分错垃圾都要说声"对不起"，室内垃圾怎么分，分类规则要学习。朋友要齐努力，美丽金华靠自己。POSS POSS，时尚新潮分垃圾，POSS POSS，时尚新潮分垃圾。为了金华更美丽，垃圾分类要仔细，四色分类有规律，一起学习，不费力。厨余有害可回收，红绿灰蓝对应齐。努力，我要努力。分类回收我无敌。垃圾、垃圾，分垃圾。不同垃圾要分清，分类回收我无敌。来来，厨余垃圾，剩菜剩饭烂菜叶……

视频播放后，该组学生还是不满意，因为唱词不清晰、字幕看不清、舞台造型单一。怎么办呢？他们主动请教郭强老师、音乐老师陈佳，花了两个中午的时间，变为以下这个形式：

【第一幕：舞台中央一个穿红裙子的家庭主妇，举着扫把背对观众。房间很乱，地上、墙上都是垃圾。幽默轻松的音乐响起，一只苍蝇飞过来，一只蟑螂相向爬过去。女主人一脚踩扁了蟑螂。转身正面对观众，随后，打扫房间，把垃圾扫成一堆。

第二幕：对不垃圾分类的主妇用三句半形式进行劝说。

第二幕：《燃烧吧，卡路里》背景音乐起，学生边唱边跳，舞台造型变得丰富有致。】

以创编情景剧为例，整个剧本的创作、编排都由学生组织、协调、实施，真正将"有创意地表达"予以发挥，也更好地体现了项目化学习的自主性和合作精神的特点。原来的表现形式相对单调，修改后的更多地体现了戏剧艺术的综合性。这类活动不是为了教学生演戏，也不是以学习戏剧知识和表演技能为目的，而是通过戏剧的方式，集语言、形体、音乐、美术等多元智能于一身，将各种戏剧元素融入教育，综合提升学生的感受力、表现力、理解力、创造力，以及动手能力和合作、团队精神。

三、批判性反馈与修改

在班里讨论完善评价量表（见表9），并根据量表修改作品，评选出"最有创意宣传企划小组"。

表9　项目成果评价量表

评价类型	内容	标准及分值	自评	小组互评	教师评
过程性评价	组内合作	小组成员在分工的同时能很好帮助本组其他成员完成工作，体现协作精神（20分）			
	小组分工	小组分工合理，能根据不同学生的特质担任不同的工作（10分）			
成果性评价	创意	选材新颖，富有创意（20分）			
	文字	语言通顺、简明，能运用多种手法（30分）			
	表现形式	运用新颖的表现形式，与"垃圾分类"恰切（20分）			

四、出项

（一）成果展示1：倡议书

形式：将各小组的倡议书终稿各打1份，张贴在宣传栏，并制作投票箱放置校园。

邀请人员：全校师生。

流程：号召校园内的老师或同学，请他们将自己喜欢的倡议书的编号填写好，投放至投票箱中，然后统计。

参与项目的所有同学对结果进行反思。

（二）成果展示2：宣传语、舞台剧

（1）形式：将各小组的宣传语和舞台剧串编，在迎新晚会上演出。

（2）邀请人员：全校师生。

（3）流程：分发投票给进场观看的师生。

（4）参与项目的所有同学对结果进行反思（见表10，表11）。

表10　个人任务与时间管理评价与反思

	非常好	良好	一般
对项目的学习目标有清晰认识			
在最低程度的监督下，能够独立工作			
征求他人意见并有所改进			
按时完成，并收获颇丰			
我认为自己可以改进的地方在于：			

表11　小组合作能力评价与反思

	非常好	良好	一般
小组成员互相促动，彼此鼓励参与			
项目分工合理，成员参与度高			
小组能够有效地利用各个成员的优势			
小组成员能够有效解决冲突			
我认为在今后的项目化学习中，小组合作应当在这些地方有所改进：			

同时进行项目反思，完成小论文（任选其一）：

《创意是什么？》

《如何进行有创意地表达》

《宣传与创意》

《如何让成果得到优化》

《小组合作的意义》

《宣传中的语文味》

……

学习成果举隅

（一）倡议书

倡议书（初稿）

老师们、同学们：

  为了保持学校的环境整洁，全面增强同学们的环保意识，我市在全省率先探索垃圾分类，学校也在努力开展垃圾分类行动。为此，学校设立了"垃圾分类宣传周"。为了更好地以主人翁的姿态，积极投身于该活动，我们郑重地向广大师生发出如下倡议：积极参与垃圾分类宣传周活动，创建绿色校园；努力学习垃圾分类知识，积极参与垃圾分类宣传和实践；从我做起，从现在做起，从身边小事做起，提倡绿色生活，争做"减废达人"。

金华市外国语学校××班
××年×月×日

垃圾分类倡议书（终稿）

敬爱的老师们、亲爱的同学们：

大家好！

  地球是我们美丽的家园，优美和谐的环境为我们带来身心的愉悦和无限的乐趣。环境需要保护，地球需要呵护。可长期以来，我们习惯于将各类废弃物和垃圾混装投放于垃圾收集点，以至于诸多具有可利用价值的物品难以回收。

  你们是否知道，生活垃圾已经成为当今世界十大环境问题之一？你们是否知道，我国城市垃圾的存量达60多亿吨，随着人口的增加，每年还以8%左右的速度递增，这些垃圾已侵占土地75万亩？你们是否知道，全国668个城市中，就有200多个城市陷于垃圾的重围之中？你们又是否知道，随着城市城区面积的不断扩大，适用于填埋垃圾的土地越来越少，填埋场离城市也越来越远，处理成本大大增加，政府部门要从财政中拨出巨额资金，处理这些"废物"？

其实，垃圾只是放错位置的资源，只要我们伸出自己的手，实行垃圾分类回收，就能化害为利、变废为宝。你可知，每回收 1 吨废纸可造纸 850 公斤。节省木材 3 立方米，比等量生产减少污染 74%？你可知，利用碎玻璃再生产玻璃，可节水 50%，减少空气污染 20%，减少采矿废弃矿渣 80%？因此，为了节约处理垃圾的成本，减少资源浪费，我校学生会特向全体师生提出以下倡议：

首先，反省自身行为。要了解垃圾分类的知识，并把分类当成一种习惯。只有我们从心底里认同垃圾分类，并将其视为文明与公德的良好体现，垃圾分类才在源头上有了保证，在根本上有了意义。

其次，我们从源头入手，减少垃圾的产生。也许有人会说，学校里设立了垃圾的固定投放点，每天有专职垃圾分类监督员监督，我们的垃圾分类已经很完美了。其实不然，垃圾分类意识的养成是一个循序渐进的过程，只有我们慢慢地养成垃圾分类的习惯，营造出"分类人人做，分类为人人"的良好氛围，才能在将来垃圾处理的基础设施跟进后更好地发挥垃圾分类的作用。

再次，我们要多参加社会实践活动，进行宣传，带动周围的人，共同进行垃圾分类。给岁月以文明，而不是给文明以岁月。

"垃圾分一分，生活美十分"。垃圾分类，低碳生活，关系你我，大家受益，利国利民。俗话说：勿以恶小而为之，勿以善小而不为。让我们一起加入垃圾分类收集和处理这个潮流中来，共同爱护我们的地球吧！

金华市外国语学校××班
××年×月×日

（二）三句半

天高气爽闻啼鸟，今天我们说环保，垃圾分类是时髦。真好！
以前垃圾靠焚烧，刺激味道随处飘，群情激奋呼声高。吐槽！
垃圾填埋费用高，东墙拆掉西墙倒，土地面积在减少。难搞！
狂风肆虐雨潇潇，白色垃圾把手招，各种疾病齐来到。糟糕！
有害无害若混淆，地球心中如刀绞，反噬人类是迟早。不妙！

垃圾分类政策好，节能减排利今朝，山换新颜水含笑。傲娇！

金外师生有奇招，略施小计都分好，想要知道有多妙。听好！

笔芯电池过期药，有害分放效率高，果皮骨头属餐厨。记牢！

纸张塑料可回收，除此之外算其他，垃圾分类有一套。重要！

室内垃圾寻不着，定时投放有情操，疑惑有人来指导。绝妙！

五学五进方法好，四减四分真奇妙，三定三查是王道。可靠！

【视频1：三男一女，一人一句，女生每敲锣一下，上前一步，说半句，又退回。这样借助中国民间独有的、百姓所喜闻乐见的语言艺术提高了垃圾分类宣传的实效，可谓相得益彰。】

（三）"垃圾分类，从我做起"舞台剧

（请扫码观看）

项目成效与反思

（一）项目设计

党的十九大首次指出"建设生态文明是中华民族永续发展的千年大计"，首次将生态文明建设目标纳入国家现代化战略目标并写入宪法，而垃圾分类作为生态文明建设的重要环节和关键领域，是生态文明的重要抓手。2019年6月初，习近平总书记作出系列批示："推行垃圾分类，关键是要加强科学管理，形成长效机制，推动习惯养成。"

那么，以更丰富的校园活动形式推进垃圾分类工作成为各个学校的重要工作。我们尝试将其与九下"有创意地表达"写作任务结合，同时回顾八下第二单元综合性学习"倡导低碳生活"，最终确定以"创意写作"为学科核心

任务，以项目化学习为推进方式，以学生丰富多彩的创意表达产品为成果。

将写作教学纳入真实的学习环境中，这契合语文课程标准（2011版）中"关心学校、本地区和国内外大事，就共同关注的热点问题，搜集资料调查访问"的要求，又将学生直接引入学校的文化生活，充分调动了学生的学习积极性，成果产出也有了实际的意义。

通过项目实践，我们也希望表达三个观点：其一，项目化学习是可以整合综合性学习活动为基础的。在本项目化学习推进过程中，我们将七下"天下家国""我的语文生活"及八下"倡导低碳生活"等综合性学习进行融合，体现了实践性、综合性的语文观。其二，将真实的生活当作教学的情境，就有了项目化学习的要素和本质。本次垃圾分类的项目化学习，在校园内发生，且基于真实的垃圾分类的社会大背景，同时成果展示也起到了实际的宣传效果。其三，活动设计始终围绕语文核心素养，以语文活动为经线，以其他学科为纬线，加强对活动工具的开发和应用，把实践历练和知识学习联系在一起，实现学科教学的知识传授、能力培养及人文育人功能。

（二）学生表现

"以终为始"的观点，促使学生在没有教师参与的情况下，进行更多的自主合作，更加频繁地交流。搜集整理资料、设计调查问卷、撰写倡议书、撰写剧本这些工作迫使学生必须自主学习，并且要提高能力。

比如"三句半"作品初稿展示，大家不满意，觉得内容太单薄。教师进行指导，提醒学生在内容上不仅可以补充传统的垃圾处理方式的弊端，还可以倡议大家循环利用物件，减少废弃物等做法。二稿、三稿，便在学生的不断完善中产生，思维在字斟句酌中不断碰撞，认知在自我评价和相互评价中不断提升，教师旁敲边鼓，引导学生拓展思维，提高作品格调。最后，形成作品终稿。

项目学习中，学生常常需要进行头脑风暴，发挥主观能动性的同时也增强了活动的体验感，这有利于建立学校学习与社会实践之间的联系，提高学生积极探索、主动思考的能力。

（三）项目管理

在实施项目前，即便已经思考项目规划流程，制定学习进程表，但在实际操作中，学生会遇到不少瓶颈。因此，教师身份也随之由传授者、评价者转化为参与者与指导者。这使得教师在项目实施过程中，对项目化学习有了更深一步的理解与认知，教育理念也随之更新与提升，真正做到教学相长。

学生项目化学习过程中的各项活动，对其能力的要求是全方位的。在教学过程中，教师的评价方式和手段也因之丰富，不仅关注学生长期探究取得的成果，更关注学生的学习过程，实现了多维度、多层级有序的形成性评价。

在开展活动的过程中，我们发现资源的使用还非常不充分。例如，在校内学生想要查阅资料时缺少搜索设备，在涉及走访、社会调查、实地考察的活动时，又因为疫情的原因，一些原本设计好的活动未能正常开展，留下了遗憾。在实际操作指导上，很多时候都是摸着石子过河，浪费了一些时间。当然，整个活动的有序列、有意义是最大的收获。

参考文献

教育部，2018.义务教育语文课程标准（2018年版）[M]. 北京：北京师范大学出版社.

夏雪梅，2019.项目化学习设计：学习素养视角下的国际与本土实践[M]. 北京：教育科学出版社.

❹ "我是演说家·演讲词写作"项目化学习案例

孙争艳

✎ 项目名称

"我是演说家·演讲词写作"项目化学习

📖 项目简述

演讲词作为日常生活中常见的应用文，在初中生语文学习过程中是非常重要的，也是需要掌握的。课程标准对学生进行演讲的要求是有准备的主题演讲，这个准备是让学生在教师的指导下围绕主题撰写演讲词。这充分表明，对于初中生来说，撰写演讲词是进行演讲的重要一步。统编教材八年级下册的第四单元"活动探究"更是将演讲作为独立单元，包括学习演讲词、撰写演讲稿、举办演讲比赛三个任务。

基于以上认识，本项目的开展以校园"我是演说家"比赛为载体，以"纸质阅读VS网络阅读，你更倾向哪一个？"为话题。整个项目用真实的驱动性问题激发学生的学习兴趣，依据统编教材八年级下册第四单元，设计了学习演讲词、撰写演讲词、学习"讲演"、组织演讲四个主要活动，共9个课时，要求每个学生完成"我是演说家"的演讲比赛，让学生在语言表达、思维训练、审美选择多种能力上得到一次很好的锻炼和体现，从而对培养初中学生核心素养起到一些作用和意义。该项目在八年级学生中实施。

驱动性问题

针对2021年金外阅读节阅读调查状况，语文组将本年度校园"我是演说家"演讲比赛话题定为"纸质阅读VS网络阅读，你更倾向哪一个？"如何才能让这次演讲深入人心呢？

核心概念

在公众场合，对某一话题有针对性的确定主题、内容和语言风格，进行清晰得体的表达。

学习目标

1. 依据统编教材语文八年级下册第四单元和实例，了解"演讲词"的核心概念，把握"演讲词"的主要特点，掌握"讲演"的技巧。
2. 通过探究性活动和实践性活动，学习"演讲词"写作。
3. 基于"我是演说家"比赛活动，培养人际交往能力，推选班级"最佳演说家"。

项目实施过程

一、入项

（一）情景驱动

教师出示2021年学校阅读节调查问卷统计图（见图1），学生分组讨论分析总结我校学生目前的阅读现状。2021年学校阅读节调查问卷显示，有过电子阅读经历的学生占了九成以上。40%的学生通过读屏来阅读课外书籍，使用最多的方式是手机阅读，选择比例高达76%，其中每周阅读30~60分钟的比例高达44.7%。75%的学生喜欢阅读网络小说，网络小说的类型包括科幻、言情、武侠小说等。

提出驱动性问题：2021年金外"我是演说家"演讲比赛话题定为"纸质阅读VS网络阅读，你更倾向哪一个？"那么，如何演讲才能深入人心，传递正能量呢？

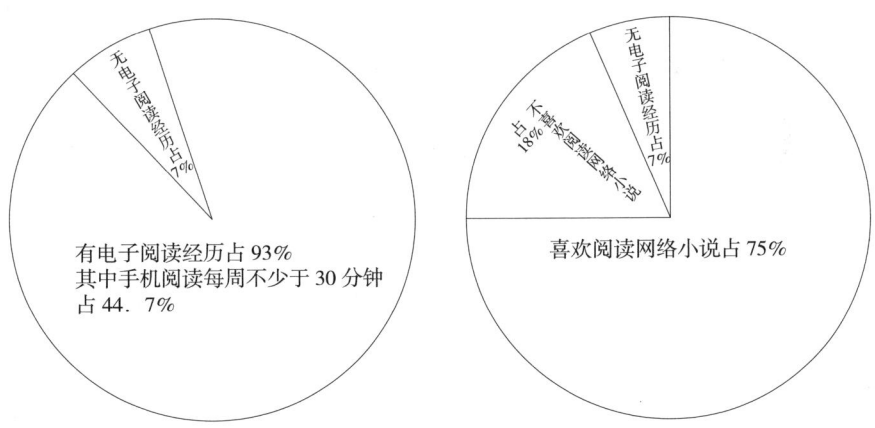

图1　2021年金外阅读节调查问卷部分数据统计图

（二）项目介绍与任务分解

1. 播放历年金外"我是演说家"部分精品录像视频，调动氛围。

2. 问卷调查，了解学生对"演讲词""演讲词写作""演讲比赛"的认识和态度。

调查设计及反馈情况见表1。

表1　问卷调查表

问题1	你了解并掌握演讲词写作知识吗？			
选项	A.了解并掌握	B.只了解未掌握	C.不了解没掌握	
占比	19%	52%	29%	
问题2	你了解演讲词的文体特征是什么吗？			
选项	A.完全了解	B.了解一些	C.不了解	
占比	13%	56%	31%	
问题3	你对课本中选入的演讲词都熟悉吗？			
选项	A.全都熟悉	B.个别熟悉	C.只知篇名	D.非常陌生
占比	15%	35%	35%	15%
问题4	你对进行演讲词写作训练有期待吗？			
选项	A.期待	B.有点期待	C.不期待	
占比	28%	49%	23%	
问题5	你会积极参与学校"我是演说家"比赛活动吗？			
选项	A.会	B.不会	C.无所谓	
占比	53%	29%	18%	

3. 提炼关键点。

学生分组讨论，提出项目实施的关键所在：

A.对"纸质阅读和网络阅读"，要形成自己的认识；

B.学习演讲词；

C.学习讲演；

D.撰写演讲稿；

E.推选最佳演说家；

F.参加"我是演说家"校园演讲比赛。

4. 初步拟定评价量规。

教师提供学习成果样例，即2020年"我是演说家"校园演讲比赛特等奖作品——《谁是最勇敢的人》《布衣礼赞》。学生分小组讨论并汇总，初步拟定评价量规。

（三）项目实施进程计划

1. 全班讨论拟定进程表（见表2）。

表2　阅读节调查问卷统计图

时间	任务	时间节点	负责人	完成情况
第一周	学习演讲词	4.5	教师 组长	
	个人完成演讲词的撰写	4.7		
	修订评价量规	4.9		
第二周	学习"讲演"	4.10	个人	
	个人完成演讲词脚本设计	4.12		
	个人练习演讲	4.13		
第三周	组内演讲，提出修改建议	4.17	组长 教师	
	组内推选最佳演说家	4.19		
	小组合作，助力完善参赛组员演讲	4.21		
第四周	班内"我是演说家"演讲比赛	4.23	教师	

2. 组建小组。

组建小组，明确人员，签订团队协议（见表3）。

表3　团队协议样例

项目团队协议
项目名称：
团队成员：
我们的约定： 　　我们全体承诺，尊重并聆听他人的想法。 　　我们全体承诺，尽全力做好我们的工作。

续表

| 我们全体承诺，按时完成我们的工作。 |
| 我们全体承诺，需要帮助时及时求助。 |
| 如果小组中有谁违反了我们共同的约定，可以召开团队会议，并要求这位成员遵守约定。如果这位成员依旧没有做到，我们会找老师来帮助解决。 |
| 日期： |
| 团队成员签名： |

（四）项目成果评价

针对开展的不同阶段，制定相应的评价标准。通过项目评价，促进学生不断反思，让深度思维真正发生。

项目整体评价设计见表4。

表4 "我是演说家"项目化学习整体评价表

评价项目		评价指标	评价等级				评价结果		
			A	B	C	D	自我	同学	教师
终结性评价	演讲词	①主题明确，观点鲜明，见解独到 ②紧扣主题、联系自我，听众意识 ③条理清晰、层次分明，注重逻辑 ④体现对象感、得体度、可讲性							
	演讲表达	①自然得体、端庄大方 ②连接顺畅、灵活应变 ③发音正确、吐字清楚、声音悦耳 ④音量适中、语速适切、富有情感							
表现性评价	人际交往	①讨论时能认真听取他人意见，积极配合小组活动 ②友善表达自己的观点，提供建设性建议 ③明确角色职责，认真完成任务							
	过程资料	①调查表数据详实 ②演讲提纲完整清晰 ③学习笔记记录表重点突出 ④演讲词撰写修改认真完善 ⑤个人演讲视频清晰完整							
综合评价									

二、知识与能力建构

本项目在开展过程中,通过一系列任务及活动,引导学生在学习统编教材八年级下册第四单元课文的基础上,自主建构与演讲词写作相关的知识与技能。在活动中,学生自主学习与探究,将知识加以运用、迁移,提升语文核心素养。

1. **了解演讲词的特点。**

播放衡水中学学生张锡峰发表的励志演讲《青春与梦想》,学生思考:演讲词与一般文章有什么不同?

探究发现:

①演讲词不同于一般的议论文,它具有口语交际的特点,属于沟通的一种手段。演讲其实就是针对某一话题或事件,在公开场合向他人表达自己的观点。因此,演讲词写作最重要的一点,就是使听众理解自己的观点,把握演讲内容。

②听现场演讲与读文章的不同,在于听众无法像读者那样反复阅读,慢慢思考。演讲是一听即过的事,想让听众清晰明了地知道演讲内容,演讲稿就要注意结构清晰、层次简明。思路的严密性要求不那么高,但一定要"易辨识"。

③演讲稿和一般文章相比,语言表达上还有一个特别的要求,那就是要具有现场的感染力,即能够将听众的注意力紧紧吸引住的语言感染力。

2. **探究活动,学习演讲词。**

任务一 把话说明白——内容考虑针对性

以统编教材八年级下册第四单元四篇演讲词为例,探究演讲词如何从话题、背景、目的、听众、演讲者等角度有针对性地确定演讲中心,做到演讲内容的集中。完成图表(见图2、图3)。

项目化写作案例：校园活动中的语文学习

```
                    ┌ 话题：应该怎样了解自然
                    │      科学
                    │
                    │ 背景：1991年1月在北
                    │      京人民大会堂举行的"情
                    │      系中华"大会上演讲
                    │                              ┌ 指出传统教育的弊端：不
                    │ 目的：让学习自然科学的     │ 重视真正的格物致知
                    │      中国学生认识应该怎样
                    │      了解科学                │ 科学上实验精神的重要
应有格物致知精神 ┤                              ┤ 性：真正格物致知的内涵
                    │ 演讲者：丁肇中，物理学
                    │   家、诺贝尔奖得主，被       │ 指出当今的中国学生依
                    │   授予"情系中华"征文         │ 然轻视实验的现状
                    │   特别荣誉奖。演讲者是
                    │   科学家，而且接受中西       │ 以自己受挫的经历，告
                    │   方教育，深知二者差异。     └ 诫要摆脱传统教育偏理
                    │   演讲中主要结合历史和         论轻实验的缺点
                    │   现实阐述自己的观点，
                    │   并用个人经历加以验证
                    │
                    └ 听众：参加"情系中华"
                           大会的各界人士
```

图2 《应有格物致知精神》演讲中心图解

```
                  ┌ 话题：第六个重要抉择：
                  │      大力扶植年轻人
                  │
                  │ 背景：1998年10月在北
                  │      京大学演讲
                  │                              ┌ 扶植年轻人是一种历史
                  │ 目的：阐发对年轻人的态       │ 的规律
                  │      度，分析年轻人关注的
                  │      问题并给出建议          │
                  │                              │ 如何正确看待权威
我一生中的      ┤ 演讲者：王选，中国计算     ┤
重要抉择          │   机专家，毕业于北京大
                  │   学。历任北京大学教授、     │ 扶植年轻人的一些具体
                  │   计算机研究所所长、北       │ 想法
                  │   大方正控股有限公司董
                  │   事局主席                   │ 要保持一个良好的心态，
                  │ 作为和北大有直接关系         └ 认识到自己是一个非常
                  │   的名人，王选在演讲中         普通的人
                  │   主要用自己成名前后的
                  │   经历来阐述观点
                  │
                  └ 听众：北京大学在读学
                         生、年轻人
```

图3 《我一生中的重要抉择》演讲中心图解

附课堂小结实录：

师：根据刚才的梳理分析，大家来说说自己的发现和启发吧。

生1：我感受最深的一点是，写演讲词要注重"我"和"你"，从自己有的经历、经验出发来阐述，关照听众的认知和需求，心中有自己，心中还要有听众。

生2：我的总结是这么几个字：紧扣主题亮观点，适合听众显意义，贴近现实扬个性。

生3：我发现，演讲词与一般议论文不同的一点是，可以用自己的经历"现身说法"。这样的沟通交流可以显得更加真实而亲切，取得更好的共鸣和启发效果。

生4：写演讲词，要"不忘初心"，不要"忘记为何出发"，自始至终要"有为"，针对演讲目的、现实意义、听众反应等来确定演讲中心和内容。

师：大家说得很好，看来收获很大。老师给大家推荐一本书，叫《高效演讲》，这本书特别强调演讲的内容，它说："只要有好的内容，听众就能听下去，并且记住你。"

任务二 把话说清楚——思路考虑易辨度

探究讨论：写演讲词，如何做到思路清晰，让听众比较轻松地理解自己的观点，把握演讲内容？

①做到流畅。

以《应有格物致知精神》为例进行具体探究。学生填写思维导图（见图4）。

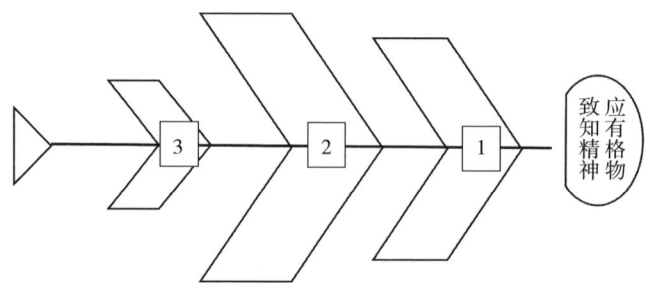

图4 《应有格物致知精神》思维导图

注：1. 开场白：从获奖转入教育问题，说明演讲目的。
2. 主体：
指出传统教育不重视真正的格物致知。
分析科学上实验精神的重要性。
指出当今的中国学生依然轻视实验的现状。
3. 结尾：阐明格物致知精神在今天的重要性，揭示格物致知的真正意义。

通过探究，学生明白："流畅"指的是演讲词主体内容的安排要条理清楚、结构有序。如果演讲词主体内容结构紊乱、层次不清，听众就很难明白演讲者的演讲思路和要表达的观点，自然演讲的说服力就不强。

②走好"三步"。

默读《最后一次讲演》第一段，探究：闻一多先生如何痛斥暗杀李公朴是"历史上最卑劣最无耻的事情"？

讨论分析：从三个方面痛斥国民党反动派的卑劣无耻：其一，李公朴无罪而遭毒手，足见反动派卑劣无耻；其二，要杀，又不敢"光明正大"地打杀，只会偷偷摸摸地暗杀，更见其卑劣无耻；其三，杀了人，为推脱罪责，反造谣诬蔑，嫁祸于共产党，最是卑劣无耻。该演讲虽是即兴，但演讲的层次分明清晰，三层意思逐层深入，彻底揭露了反动派制造暗杀李公朴事件的险恶用心。闻一多先生的演讲不可谓不入木三分、深入人心。

通过探究，学生发现：为了达到结构清晰、思路"易辨识"的目的，一般而言，抛开演讲的开头和结尾，主体部分不超过三个要点，因为有研究证明人脑的短时记忆只能同时记住三个信息片段。

③注重逻辑。

朗读《应有格物致知精神》第三段和第九段，品析关联词的作用。

讨论分析：第三自然段的"但是""并不是""而是"，以及第九自然段的"不是""而是""决不是"等，这些关联词的使用不但将较为零散的材料衔接得十分自然，而且使得演讲稿主体内容波澜起伏，既凸显了文章的节奏感，又起到了增强逻辑力量的效果。

通过品析，学生懂得：好的演讲词要注重逻辑，演讲词写作要用好关联词语。使用关联词，可以让主体内容有起伏变化，可以有效地增强文章结构的逻辑性，甚至还可以体现文章的思考深度。

任务三 把话说漂亮——语言考虑场合感

语言是思维的外壳，语文的学习素养最终还是要通过口头或书面的"表达"来呈现。演讲与口才的重要性不言而喻。探究：演讲词如何写才能在现场很好地调动听众的情绪呢？再次播放衡水中学高三学生张锡峰发表的励志演讲《青春与梦想》中的一个片段，学生谈感受。

以《最后一次讲演》和《我一生中的重要抉择》为例，探究演讲词如何写才能把话说漂亮，使演讲具有特定的场合感。

①对象感。

自由朗读《最后一次讲演》第4、5自然段，划出人称代词。思考：这些人称分别指谁？有什么特点和好处？

反动派暗杀李先生的消息传出以后，大家听了都悲愤痛恨。我心里想，这些无耻的东西，不知<u>他们</u>是怎么想法，<u>他们</u>的心理是什么状态，<u>他们</u>的心怎样长的！（捶击桌子）其实简单，<u>他们</u>这样疯狂地来制造恐怖，正是<u>他们</u>自己在慌啊！在害怕啊！所以<u>他们</u>制造恐怖，其实是<u>他们</u>自己在恐怖啊！特务们，<u>你们</u>想想，<u>你们</u>还有几天？<u>你们</u>完了，快完了！<u>你们</u>以为打伤几个、杀死几个就可以了事，就可以把人民吓倒了吗？其实广大的人民是打不尽的，杀不完的！要是这样可以的话，世界上早没有人了。

<u>你们</u>杀死一个李公朴，会有千百万个李公朴站起来！<u>你们</u>将失去千百万的人民！<u>你们</u>看着<u>我们</u>人少，没有力量？告诉<u>你们</u>，<u>我们</u>的力量大得很，强

得很！看今天来的这些人都是<u>我们</u>的人，都是<u>我们</u>的力量！此外还有广大的市民！<u>我们</u>有这个信心：人民的力量是要胜利的，真理是永远要胜利的，真理是永远存在的。历史上没有一个反人民的势力不被人民毁灭的！希特勒，墨索里尼，不都在人民之前倒下去了吗？翻开历史看看，<u>你们</u>还站得住几天！<u>你们</u>完了，快了！快完了！<u>我们</u>的光明就要出现了。<u>我们</u>看，光明就在<u>我们</u>眼前，而现在正是黎明之前那个最黑暗的时候。<u>我们</u>有力量打破这个黑暗，争到光明！<u>我们</u>光明，恰是反动派的末日！（热烈的鼓掌）

探究发现：

"我们"是指所有到会的人民群众、广大的人民群众、进步爱国青年。

"他们"是指敌人，国民党反动派特务们。

"你们"也是指敌人，国民党反动派特务们。

称"他们"时，是面对到会的爱国听众来怒斥反动派及其帮凶的。改称"你们"，是因为闻一多先生想起国民党反动派令人发指的罪行，满腔的怒火喷发而出，与敌人展开面对面的斗争。演讲者充分考虑现场听众对象的不同身份，通过不同人称代词及人称的转变，可以让听众感受到演讲者对"他们"的谴责、蔑视；对"你们"的愤怒、憎恨；对"我们"的自信和激励，使演讲极具现场感染力。

②得体度。

比较：

可是我已经脱离第一线，高峰过去了，不干什么事情，已经堕落到了靠卖狗皮膏药为生的时候。（王选《我一生中的重要抉择》）

我就是一只来自乡下的"土猪"，也要立志，去拱了大城市里的白菜。（张锡峰《小小的世界大大的你》）

思考：同样运用比喻，为何王选的演讲得到了掌声和笑声，而张锡峰的演讲却在网上引起了非议？

探究发现：王选讲述自己的现状，自我调侃，语言幽默又得体，引发听众欢笑及启发。张锡峰自称"土猪"，也带有玩笑和自嘲，这句话，写日记的时候可以说，在同学谈心的时候可以说，在家里和父母聊天的时候可以说，甚至发微博、QQ空间、朋友圈说一说也无妨。但是,"超级演说家"是公共表达、公共说理的平台。张锡峰的"土猪拱白菜"之所以引发争议,是因为在网友们看来,这里的"土猪拱白菜"比喻义,不但没有谐趣美,而且还具有明显的染指、觊觎等贬义,让人感觉不得体。

③可讲性。

看课文语段,来讨论:可以用什么来增加演讲稿的可讲性呢?

探究发现:演讲词要具备可讲性,在语言上尽量口语化,使用短句。如《我一生中的重要抉择》,作者使用一些经常能听到的词语,比如"觉得可笑""一个劲儿""凡人呢,就是犯傻"等,使听众感到无比亲切,从而容易产生共鸣。

3. 撰写演讲词。

参考统编教材配套的《作业本》内容,设计了五个学习任务,组织撰写演讲词。

任务一 分析话题,明确演讲观点

根据本次"我是演说家"演讲比赛特点,演讲的第一步是分析话题,根据自己的阅读经验,理清对"纸质阅读"和"电子阅读"的认识,完成下面表格内容(见表5)。

表5 分析"纸质阅读"与"电子阅读"的利弊

	利	弊
纸质阅读		
电子阅读		
我更倾向于:		
我的阅读经验:		

任务二 分析听众,确定演讲中心

演讲是一门沟通的艺术,演讲成功的检验标准之一是听众的接受程度。我们需要明确演讲目的、分析听众的构成与心理预期等。

请根据本次"我是演说家"话题与你的观点,分析听众,填写任务单(见表6)。

表6 "听众分析"任务单

"听众分析"任务单	姓名：曹家宝
（1）听众是谁：电子阅读受众、网络小说受众。	
（2）演讲结束时，他们将理解/实施/决定：让纸质阅读回归我们的生活。	
为了取得这一效果，他们需要知道或感受到： ①网络碎片阅读不利于形成良好的阅读习惯；②纸质阅读能够让我们在墨香中、书页间静心品读，获得智慧与哲思；③网络阅读有损身心健康。	
为什么听众要重视你的话？对他们来说你的话有什么价值？ 通过我的阅读经历，现身说法，让听众懂得纸质阅读优于电子阅读。	
综上：用一句话表达你要传达的信息是什么？ 让纸质阅读回归我们的生活。	

任务三 搜集材料，丰富演讲内容

确定演讲的中心后，为了丰富自己的演讲内容，我们可以通过网络、书籍、报刊等渠道去进行资料的查阅、搜集，并做一些笔记，为具体的写作储备资料（见表7）。

表7 素材搜集笔记

魏钰婷的素材搜集笔记
（1）摘录：《如何阅读一本书》作者曾反复提醒读者：千万不要只做知识和观点的记录机，把"知道"当成"理解"。要能被启发，除了知道作者所说的话之外，还要明白他的意思，懂得他为什么会这么说。 　　我的运用：阅读从"知道"到"理解"，就需要我们放下手机，重拾书本，用正确的方式，迈入高耸入云又脚踏实地的精神圣殿。
（1）摘录：朱熹说过："读书譬如饮食，从容咀嚼，其味必长；大嚼大咽，终不知味也。" 　　我的运用：网络碎片化阅读虽然快捷，节省了读整本书所需的时间，使我们在短时间内可以阅读大量文章。但这快捷便利的背后，是不完整不连贯的文章碎片，正如"大嚼大咽"，我们终难体会到其中文字的味道，反添浮躁之心。
（3）我的经历：上周末，我读完了《蒋勋说红楼梦》的最后一本。整套书一共有八本。最初要从书店扛回家里时也曾犹豫。但是，当我翻过书的最后一页，阅读完纸上最后一行，那种舒畅的感觉是我多年电子阅读不曾有过的。当你回过头去，检验——或者说是欣赏自己的阅读成果时，看着一本本的书搁在那儿，厚的、薄的、灰色的、彩色的，你会惊叹于自己的阅读量，这是一种怎样的成就感啊？！

任务四 进行整理，拟写演讲提纲

将前面的任务内容进行整理，完成下面的演讲提纲，示例见表8。

表8　演讲词提纲

\multicolumn{2}{c}{郑奕的演讲提纲}	
\multicolumn{2}{c}{我的演讲题目：放慢脚步，品味纸墨的芳香}	
演讲中心	在快节奏的生活中，我们需要慢下来，静心去阅读一本书，品味纸墨的芳香。
开头	同学们，请想象一下：在一个安静的午后，我们捧一本书在怀中，懒散地倚靠在椅背上，借着金黄灿烂的阳光开始阅读。静下心来，在书海中徜徉，与古今中外的人物进行对话，洗去一天的劳累与繁杂，这是多么快意的一件事啊！
主体	要点一：最佳的阅读途径应是阅读纸质书，它最大的特点，就是"慢"。 材料：简媜："当我们打开几本书，意味着：这时间暂时死亡，另一世间复活。" 要点二：反驳：现在网络科技那么发达，只要一部手机或一台电脑，就可以进行大量阅读，内容丰富，且方便快捷，岂不美哉？ 材料一：我的网络阅读经历；材料二：阅读列表中不良内容的不良影响。 要点三：批判网络碎片化阅读的优点"快"。 材料：鼠标快速滚动，阅读完的内容极快淡化，阅读效果不尽如人意。年深日久，这种快而不精的浅显阅读会对我们的思维造成难以逆转的不良影响。
结尾	在飞速发展的时代，我们要做的，是在最普通的纸质书中漫步吟赏。怀着虔诚的心态，才能于柔和的纸墨之间，觅得沉淀在光阴长河里的宝藏。

任务五 撰写演讲稿，拟定评价表

利用提纲，撰写完整的演讲稿，拟定评价量规，互评并修改（见表9）。

表9　演讲稿评价表

内容	得分	结构	得分	语言	得分
紧扣主题		条理清晰		对象感	
联系自我		层次分明		得体度	
听众意识		注重逻辑		可讲性	
修改意见					

4. 学习讲演。

（1）分析范例。

学生在《超级演说家》《我是演说家》的演讲中任意挑选一两个，观看赏析。在观看视频时的要求是学习演讲技巧。注意演讲者的语气、语言、体态语，观察听众的反应及演讲者的反应。学生做好笔记，观看结束后进行评价（见表10）。

表10 "观看演讲"学习笔记

观看的演讲	陈铭《女人永远是最佳辩手》
演讲词特点	主题清晰，开门见山；选题具有普适性，容易引发共鸣感；条理清楚，逻辑严密，让观众的思维跟着走；事例鲜活，吸引观众的兴趣；以发问形式进行表述，激发观众听的欲望；语言幽默风趣，听着轻松又发人深省；结尾总结，提纲挈领，推进观众的情绪
讲	语调轻快，符合生活类话题；语速富有变化，发问时节奏渐快，陈述时缓慢道来，把控得恰到好处；表演自然准确，毫不夸张；与观众的互动性强，很好地带动了观众的思维；最后的落点干净利落，令人回味，发人深省。堪称完美！
演	表情柔和，声音有亲和力，角色表演到位，没有过多的手势，自然，协调，眼神善于与观众交流

（2）模拟演讲。

在《超级演说家》《我是演说家》的演讲中任意挑选一两个，分析演讲的构成要素，模拟演讲并录制视频。根据评价量规，总结优点与不足。小组讨论整理修改建议（见表11）。

提示：尝试想象自己进行演讲时的场景，包括：演讲时每一句话的语调和语气，演讲时的每一个身体动作，演讲时与听众的每一次互动，现场听众会有什么样的反应，根据不同的现场反应需要对演讲稿内容做出的调整，等等。

表11 模拟演讲检测记录表

	演讲词特点	熊浩的演讲	"我"的演讲	小组意见
《万世师表》	有极强的针对性、条理性；围绕主题讲述故事，通过"一人一事"形成了全篇演说的基本框架。娓娓道来的语言中，令听众沉浸在故事世界之余又得到精神上的升华。首尾辅以相应的引入与总结，对全篇进行点题；便搭建起了标准的"总—分—总"结构。语言富有文采，善用排比、对比等修辞，有感染力	讲：声音浑厚有磁性，节奏控制得恰当，情感真挚而热烈，自然又不造作，满满正能量，很容易打动人；演：表情庄重，眼神笃定，善于与听众交流；手势随着演讲而动，起到很好的辅助表达作用；着装正式，有精神	讲：字正腔圆，声音洪亮；能脱稿，但不流畅，很生硬，主要是对陶行知的认识较浅，依赖于稿子，没有内化吸收提炼出自己的情感；临场应变性不强，背稿子的感觉明显。演：声音平淡，没有起伏感；讲述故事情感不够真挚；手势不够自然	建议：对演讲稿进行边读边听边改，尽量让文稿讲起来朗朗上口并且听起来声声入耳

（3）设计脚本。

设计自己的演讲脚本，在演讲词中特殊处理之处做标记，如：重音"·"、停顿"/"、在"【 】"中写出肢体动作等。

（4）练习演讲。

班内每一位同学独立练习演讲。

三、批判性反馈与修改

1. 组织班内"我是演说家"评选。

（1）修订评价量规。

①根据以上几项活动所学，小组讨论修改评价量规，每组提交一种方案（见表12）。

表12 演讲比赛评分标准（初稿）

评价维度	评价标准	分　值
内容（30分）	观点正确、主题鲜明，思想深刻	15分
	材料充实生动，论证充分	15分

续表

评价维度	评价标准	分值
语言（40分）	普通话标准	20分
	自然流利，语音语调规范，有节奏感	10分
	声音清晰、洪亮，有感情	10分
态势（20分）	仪表端庄、精神饱满、神态自若	10分
	形体语言自然恰当，有助于传情达意	10分
效果（10分）	感染力强，现场效果好	10分

②全班讨论，共同修订，形成评价量规修改稿（见表13）。

表13 演讲比赛评分标准（修改稿）

维度	要素	评分内容	分值	分数
内容（40分）	主题	主题明确，观点鲜明，见解独到	10分	
	材料	紧扣主题、联系自我、听众意识	10分	
	结构	条理清晰、层次分明，注重逻辑	10分	
	语言	体现对象感、得体度、可讲性	10分	
表达（60分）	语音	发音正确、吐字清楚、声音悦耳	20分	
	感染力	音量适中、语速适切、富有情感	20分	
	熟练程度	连接顺畅、灵活应变	10分	
	态势语	自然得体、端庄大方	10分	

③组内评选。

每位组员将演讲词文本、视频打包发送到项目小组QQ群。小组内根据之前修订的评价量规进行评分，并对每位组员的演讲词和演讲视频分别做出具体评价，有依据地提出建设性问题和修改方案。

④班里演讲比赛。

全班评议，评选两名最佳演说家。依据公平、公正、公开的评价原则，最终推选汪萌瑶和罗子乔两位同学为"最佳演说家"，并代表班级参加学校"我是演说家"比赛。

四、出项

1. 汪萌瑶和罗子乔两位同学参加学校"我是演说家"比赛，班级同学现场助力加油。
2. 班级同学对学校"我是演说家"比赛进行观后点评总结。
3. 参与项目的所有同学对项目进行总结反思（见表14）。

表14 个人评价与总结

你参与了哪些活动？你对自己的行为满意吗？	
你帮助同学参与了哪些活动？你觉得你对该同学的帮助有多大？	
你认为你们小组在活动中表现如何？存在哪些问题？	
在这些项目活动中你认为你收获最大的是哪一个活动？有什么收获？	
你认为本次项目化学习效果如何？	
你认为本次项目化学习有哪些可以改进的地方？	

4. 学生班内交流反思：

学生1：我去年也参加了学校的"我是演说家"演讲比赛，但是不知道怎样写好演讲词，所以成绩不尽如人意。这一次，通过项目化学习，一步一步学习演讲词的写作，感觉收获很大。

学生2：将语文书上的课文学习和写作实践相结合，我明白了阅读和写作之间的联系，阅读方法就是写作方法，有了方法，写作就不感觉到难了。

学生3：这样的写作学习方式我还是很喜欢的，不像以前，老觉得不知道写什么，也不知道该怎样写。写作的目的是为了交际，今天我写的演讲词是针对阅读节中的阅读现状展开的，我的观点和认识是可以在广大同学中产生共鸣的，我觉得我写的和我讲的就很有用。

学生4：我们学校活动丰富多彩，原来这些都是写作资源，只是我平时思考得太少，也跟同学交流得太少。我从来没有参加过演讲，这一次是一个尝试。在老师和同学们的帮助下，一边学一边做，我觉得演讲也没那么难。以后我要在小组里多展示一下自己。

学习成果举隅

1. 演讲稿成果示例：

<h2 style="text-align:center">书 香</h2>

亲爱的同学们：

大家好！

站在这里，我想起了两年前学校举办的阅读节。那天我用了一个下午的时间去阅读一本书，书名虽已经不记得了，那个下午内心所收获的恬静和那本书淡淡的香味，却深深地刻在了我的心里。

生活在日新月异的今天，我们阅读文字获取信息的方式多种多样。动动手指就能走遍天下，通晓万事。对于平凡的纸质书，有人觉得体积太大，太过笨重，不适合随身携带；也有人觉得性价比低，没有购买价值。相反的，线上阅读倒是有不少好处，轻便小巧不说，不用出门就可以读到各种文字。

然而我始终相信，新事物再好也有它替代不了旧事物的地方。

上周末我读完了《蒋勋说红楼梦》的最后一本。这整套书一共有八本之多。最初从书店扛回家时是花了不少工夫。但是，同学们，读完一整套书，这种感觉是愉悦的，是舒畅的。相信你们也有过这种感觉吧！一本书放回书架，又一本书被拿下，随着书本的交换，形形色色的文字一点一点被我们吸收进脑子里。而当你回过头去，检验——或者说是欣赏自己的阅读成果时，看着这一柜的书立在那儿，厚的、薄的、灰色的、彩色的，你一定会惊叹于自己的阅读，原来我已经读了那么多本书！这种成就感是其他很多事物都无法带给你的吧！

电子阅读时，我们总会在不经意间被"剧透"，被"接受"评论，网络上许多人会过度激烈地公开自己的想法，积极的、消极的评论被强塞入我们的视线。而纸质阅读，像被魔术师施了魔法，很多书只有读到最后一页，才会柳暗花明。它是一个未知的世界，它就在那里，等着我们抚过每一张书页，去发现，去探索。

一个人光有今生今世是不够的，还应当拥有诗意的世界，就像杨绛先生说的:"读书的意义大概就是用生活所感去读书,用读书所得去生活。"读书,是品味他人以自己的人格跟世人说的话,身临其境体会书中的意境,见作者所见,想读者所想,爱作者所爱,恨作者所恨。跟随着跳动的书页,与作者们展开精神上的交流,体味另一种人生。

同学们,书籍是有香味的,不仅是那种油墨与纸张混合起来的陈旧的味道,更吸引人的是其中文字所包含的崭新思想和笔墨芬芳。在清晨,或是午后,腾出小块的时间去阅读吧,去放松自己的灵魂,去品味一本书的香!

谢谢大家!

2. 个人演讲视频成果示例。

项目成效与反思

(一)转变学习方式,达成深度学习

本次项目化学习,体现新教材任务设计层级化、序列化及多样化的特点,注重知识的理解与运用,给予学生更多的自主和探究,鼓励学生开发创新能力、问题求解能力、决策力和批判性思维能力。师生在真实问题的驱动和任务群的导向下,循序渐进地开展活动,对各子项目进行较为深度的探究与设计,制订详细明晰的达成路线和加工程序,体现深度学习理念,指向语文核心素养的训练。

(二)重构学习内容,激发写作兴趣

本次项目是写作的项目化学习,应体现写作教学特点。在项目推进过程中,一切活动的设计以学习写作为要义。本项目学习以校园"我是演说家"比赛为载体,对"纸质阅读VS网络阅读,你更倾向哪一个?"为话题的演讲比赛进行演讲词写作训练。结合书本的范式,运用归纳法提炼演讲词的写作特点，在真实的问题中学习演讲词写作知识，让学生逐步熟练地加以运用，很好地激发了学生的写作兴趣。

（三）发现现实问题，体悟演讲本质

演讲是一种社会实践活动，是一种信息交流活动。本项目化学习，在任务型写作中，针对阅读节中发现的"校园阅读现状"问题开展演讲写作和演讲活动，引导学生结合任务情境中呈现的真实问题进行思辨，思考写作演讲词、开展演讲的动机意义，从而有效地发表自己的观点。通过学习，学生可以鲜明地认识演讲的本质，即从社会生活的实际需要来写演讲词，从解决现实问题需要来开展演讲。

参考文献

苏西·博斯，约翰·拉尔默，2020.项目式教学[M].周华杰，陆颖，唐月，译，北京：中国人民大学出版社.

中华人民共和国教育部，2017.八年级下册语文[M].北京：人民教育出版社.

中华人民共和国教育部，2018.义务教育语文课程标准[M].北京：北京师范大学出版社.

浙江省教育厅研究室，2018.义务教育教材·语文作业本（八年级下册）[M].杭州：浙江教育出版社.

浙江省教育厅研究室，2020.重新定义学习：项目化学习15例[M].北京：教育科学出版社.

5 "阅读节·剧本改写"项目化学习案例

金紫薇

📝 项目名称

"阅读节·剧本改写"项目化学习

📖 项目简述

在我校一年一度的阅读节活动中,"名著经典片段演绎"活动为必备的子活动之一,要求学生选取名著中的经典片段,通过舞台剧的方式进行个性化演绎。这就涉及剧本的编写与文学作品的改写,该部分与部编教材九年级上册课本中第六单元写作专题"学习改写"相契合,能够推动语文教材中的单元写作教学。此外,戏剧表演还涉及服化道、导演、舞美等多方面的内容。据此,我校语文组设计"阅读节剧本改写"项目化学习,以期在真实情境的基础上提高学生写作与表演等多方面的能力。该项目在九年级学生中实施。

驱动性问题

如何编写剧本，并向观众呈现出一台精彩的舞台剧？

核心概念

利用剧本创作的基本规律与技巧，对经典篇目进行创编，进行有创意的个性化表达。

学习目标

1. 了解有关改写的基本知识，学习改写的基本方法；
2. 运用改写方法，提高学生的改写能力与表达能力；
3. 了解剧本有关知识，能注意剧中人物的表情、语气、语调，把握人物情感，初步体味戏剧语言的特点；
4. 在合作体验中加深对戏剧作品的体悟，激发学生的合作意识、表演欲、集体荣誉感。

项目实施过程

一、入项活动

（一）情境驱动

教师以我校阅读节为背景，向学生呈现驱动任务：学校将迎来第五届阅读节，我们年级将要举办"经典演绎"活动，以舞台剧的形式将课本里的经典片段搬上舞台，供全体师生观看。如果你是本次活动的导演，将如何编写剧本，并向观众呈现出一台精彩的舞台剧？

（二）项目介绍与任务分解

该任务明确了学生的身份——导演，舞台剧的受众群体为全体师生，同时有着明确的项目目的，且该任务包含"剧本"与"改写"两块知识内容，涉及语文、美术、音乐学科，每块子任务指向学生不同的能力，具体框架设计见图1。

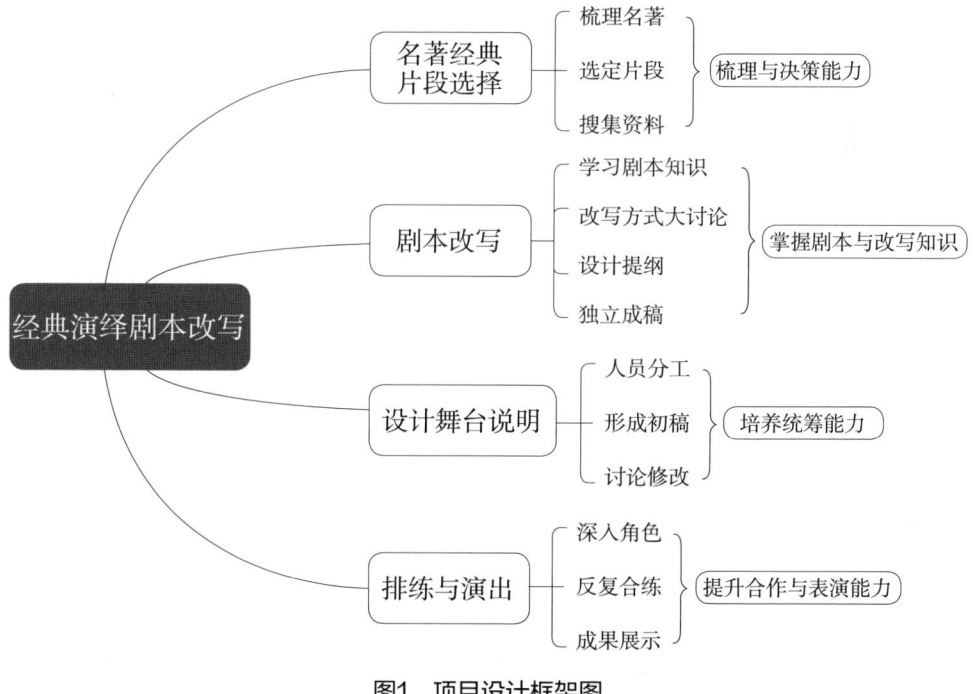

图1　项目设计框架图

基于上述设计框架，笔者与学生对项目进行了初步分解，形成思考路径和问题，例如好的剧本是怎样的、如何在不改变原著的基础上进行文体改写、如何设计舞台说明、不同的角色如何演绎……头脑风暴后，在项目进行前共同制定了评价量表（见表1），明确本项目所需要达到的目标。

表1 "剧本改写"项目化学习小组展示互评表

小组名称：	组员：	
内容	要求	得分
片段选择（10分）	观赏性、演出性强； 主题突出、深刻； 经典片段，耳熟能详	
剧本改写（30分）	体现原作内容的精神，不背离原作； 符合剧本的特点； 行文协调，文体、人称一致； 内容生动，戏剧冲突真实可感	
舞台说明（10分）	语言简练、明确； 有效推动情节发展； 明确小组人员分工	
剧本理解（20分）	正确理解剧本的主题； 对人物的个性和思想理解到位； 注意到剧本的语言特点； 较好地利用（或补充）舞台说明	
舞台表演（30分）	表演自然，落落大方； 动作、手势熟练而准确，有表现力； 感情充沛，表情丰富； 吐字清晰，语言流利，语速、语调恰当； 与其他角色配合默契	

本项目囊括剧本改写、演绎等多块知识体系，学生需要在已有的知识基础之上进阶形成完整的知识体系，以期完成本次项目化学习。因此，笔者让学生填写KWL表（见表2），对于剧本改写已知的内容和想要知道的部分，在小组内分享，形成小组共同的问题清单。

表2 KWL表

K. 我知道什么？	W. 我想学什么？	L. 我已经学会了什么？

对于学生尚存的问题，我们首先引导学生主动寻求解决的办法，通过课内外相关资料与网络资源，进行资料的搜集整理，教师提供一定的资源。

数字资源：中国知网相关论文；爱奇艺、优酷等视频App；百度百科等。

纸质资源：金外《临窗》校刊；《茶馆》《哈姆雷特》等经典剧本；《梁晓声文集长篇小说12》第二十五章；《南渡北归》。

（三）项目实施进程计划

搜集资料的同时，各学习小组需通过讨论合作制定项目过程阶段表（见表3），教师适时给予帮助，制定如下：

表3 项目过程阶段表

项目阶段	阶段任务	阶段成果	完成时间
第一阶段	选择演绎的片段	片段截取与选择理由	1课时
第二阶段	搜集、学习相关知识	资料册	2课时
第三阶段	剧本改写	剧本初稿	2课时
第四阶段	人员分工、设计舞台说明	完整的剧本与人员分工表	2课时
第五阶段	舞台剧排演	评价量表、排演花絮	3课时
第六阶段	成果展示与反思	社会性实践和审美性实践反思	2课时

在项目实施过程中，教师实时跟踪项目进程，在各阶段适当为学生提供学习支架，以保证项目有效推进。

（四）制定项目成果评价量表

与学生共同商量，初步制定项目成果评价表（见表4）。

表4　项目成果评价量表

内容	评判标准	评价			建议
		优秀	良好	达标	
剧本内容	紧扣主题，富有深意				
舞台说明	语言简练、明确				
舞美设计	服装道具符合演员身份				
舞台表演	表演自然，有表现力				
现场氛围	艺术感染力强				

二、知识与技能构建

（一）剧本改写

任务一　了解剧本

（1）出示剧本概念：剧本主要是由台词和舞台指示组成的，是戏剧艺术创作的文本基础、编导与演员演出的依据。它是以代言体方式为主，表现故事情节的文学样式。

（2）通过精读学习舞台剧要素，初步了解剧本的构成，以及戏剧的冲突、人物的塑造等。

（3）小组合作，根据剧本构思提纲（见表5），完成舞台剧初步设计。

表5　剧本构思提纲

角度	内　　容
①设定故事场景	根据故事情节和场景转换，将剧本分为几幕。其中，同一幕中的时间、地点等因素要统一，使剧本适用于舞台表演
②设定任务关系	确定舞台上出现的人物，安排对话者的顺序和对话者的转换
③设定人物的性格	考虑人物的年龄、身份、职业、成长环境、生活际遇、教育背景等因素

续 表

角度	内 容
④设计人物的台词	台词要能具体展示人物的性格和思维,能推动剧情的发展。此外,用于表演的台词,应力求通俗浅显、富有生活气息
⑤设计人物的表情、动作	运用舞台说明来设计人物的表情、动作,以表达人物的感情,同时为舞台表演做准备

资料来源:统编教材九年级下册语文《作业本》。

任务二 创编与细化剧本

1. **学习改写**。

本次舞台剧要求以闻一多的《最后一次讲演》经典片段与相关史料为基础进行演绎,因此需要学生将演讲稿改写成剧本,其中包括文体、语体等方面的更改。教师搭建相应写作支架(见图2),帮助学生完成剧本改写。

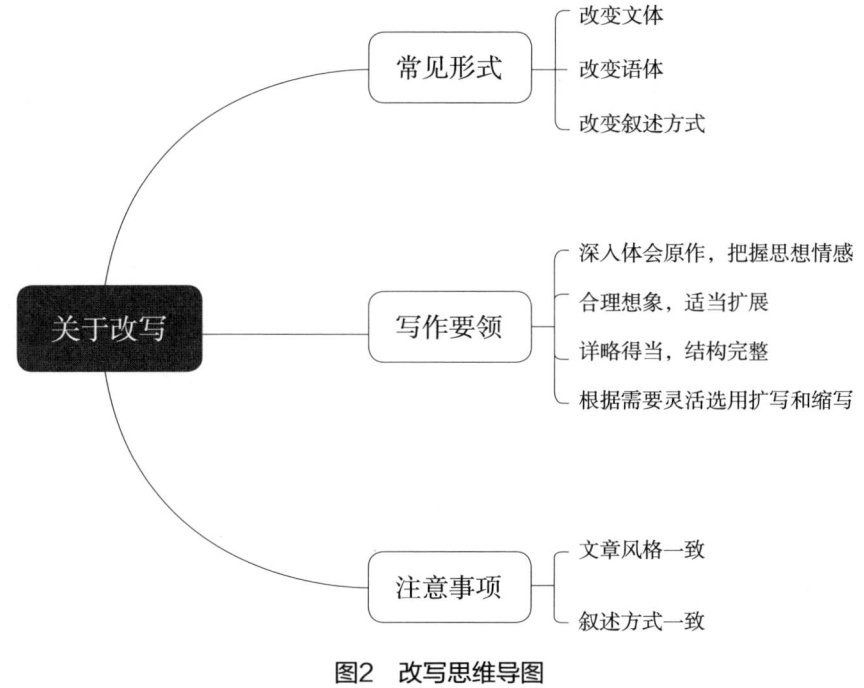

图2 改写思维导图

2. **人员分工与舞台说明**。

要呈现完整的舞台剧,还需要小组成员明确分工,各司其职,并通过讨论,敲定剧本的舞台说明,从而完成人员安排表与具体的舞台说明。教师提供以下支架(见表6):

表6 人员安排与职责表

人员	要求
演员	背诵台词,熟悉相关的舞台说明。通过想象进入角色,不断深化对自己所扮演角色的理解,参考专业演员的表演视频,设想自己表演时的动作、神态、语气、语调
导演	与演员交流自己对人物形象的认识,帮助演员不断调整、改进在舞台上的表现。试着撰写导演手记,整合自己的思考
制片	负责剧本统筹、前期筹备,组建摄制组,以及宣传与花絮等一系列事务
剧务	参考相关资料,结合实际情况,准备演出时的服装、道具、布景、配乐等

三、批判性反馈与修改

(一)戏剧编排

1. 按照编排表(见表7)分小组排练。

表7 编排表

阶段	任务	人员	日程
粗排	搭建演出的框架,确定舞台形象的大致轮廓。可选取一些容易使演员找到感觉的片段开排		
细排	对每个演出片段精雕细琢,引导演员进入情境,化身为角色,掌握演出节奏,协调各项工作		
连排	把各个片段从头到尾连起来,有时还加上部分布景、灯光、道具,有一出戏的雏形		

资料来源:统编教材九年级下册语文《作业本》。

2. 观看各小组的汇报表演。

每位同学适当做笔记,并给某一个小组提出优化建议,组长汇总后提交。

3. 开展小组评价与分享。

4. 评选班级优秀戏剧表演。

5. 取长补短,资源整合形成一个全班参与的多幕剧。

(二)在课本剧正式演出后,教师还需要引导学生进行项目反思,反

思可分为以下几个部分:

（1）完成 KWL 表中的 L 部分。

（2）完成社会性实践和审美性实践反思：本次团队合作中同伴之间有分歧吗？如何解决的？下次遇到类似的问题如何处理？剧本文体有什么特点？在戏剧表演过程中，有没有突显人物性格？

四、出项

（一）成果展示

（1）剧本《红烛》在校刊上发表。

（2）节目选送学校阅读节，向全校师生汇报演出。

（二）进行项目评价

参与该项目的同学对项目进行反思，填写表格（见表 8）。

表 8　项目评价量表

内容	评分细则	分值	自评	小组评	教师评
剧本内容	1. 紧扣主题，富有深意	5			
	2. 有适当的戏剧冲突	5			
	3. 内容新颖且贴近生活，有观众意识	5			
剧本理解	1. 正确理解剧本的主题	5			
	2. 对人物的个性和思想理解到位	5			
	3. 注意到剧本的语言特点	5			
	4. 能较好地利用（或补充）舞台说明	5			
舞台说明	1. 语言简练、明确	5			
	2. 能有效推进情节发展	5			
	3. 能明确小组人员分工	5			
舞美设计	1. 服装道具符合演员的身份	5			
	2. 背景设计贴合时代特征	5			
	3. 设计恰切，不喧宾夺主	5			

续表

内容	评分细则	分值	自评	小组评	教师评
舞台表演	1. 表演自然，落落大方	5			
	2. 动作、手势熟练而准确，有表现力	5			
	3. 感情充沛，表情丰富	5			
	4. 吐字清晰，语言流利，语速、语调恰当	5			
	5. 与其他角色配合默契	5			
现场氛围	1. 能引起观众的观看兴趣	5			
	2. 观众能沉浸戏剧表演中并有所悟	5			

学生成果举隅

（扫码观看演绎视频）

《红烛》剧本

第一幕

时间：1946年7月11日晚

地点：无人的街道

人物：李公朴、市民1、祝特务

【旁白：一九四六年六月底，中国民主同盟在昆明发起万人签名运动。国民政府密令昆明："中共蓄意叛乱，民盟甘心从乱，际此紧急时期，对于该等奸党分子，于必要时得宜处置。"】

（李公朴从右侧上台，市民1从左侧上台，两人握手问好。）

市民1：李先生，你今天在大会上这般犀利地批判当局，真的不要紧吗?

李公朴（神情平静，语气渐变郑重）：无妨。他们从不给人民自由发表意见的权利，所以总有一天，他们会被人民推翻，被正义制裁！天快亮了，他们将会和所有的黑暗一样消失殆尽！

（李公朴走到舞台左侧，市民1走向舞台右侧，祝特务从右侧上台，与市民1相撞，祝特务压低帽檐，在舞台左侧向李公朴开枪。）

【旁白：1946年7月11日晚，李公朴在云南昆明遭到国民党特务暗杀，为他一生追求的民主事业奉献了生命。生于飘摇乱世的李公朴，在国家危难时刻挺身而出，用生命迎来了黎明的曙光。】

第二幕

时间：1946年7月12日

地点：闻一多家

人物：闻一多、许学生、王学生

（闻一多和许学生、王学生从右侧上台。）

闻一多：这群特务真无耻啊！公朴的死一定是他们的阴谋，明天的追悼会上，我要让所有的人民群众们看到真相！

许学生：对啊，这帮特务越来越嚣张了！

王学生：可是，老师您可能会遭遇不测的。

许学生：他们一定会派人跟踪的。

闻一多：公朴为民主牺牲，我们要是不站出来，何以慰死者？为了民主，死有什么可怕？

许学生：但我们也需要您啊。

王学生：明天我们会跟您一起去的。

（闻一多点点头。）

第三幕

时间：1946年7月15日早

地点：西南联大内，李公朴的追悼会上

人物：全体同学

【旁白：1946年的盛夏，在李公朴的追悼会上，闻一多怀着悲愤的心情，发表了他此生"最后一次讲演"。】

（几名群众上台。市民2在中间，其他围在旁边。）

市民2：在我看来，李先生是被这群特务暗杀的！

（陈特务、方特务从右侧上台。）

陈特务：我看未必，说话是要讲证据的。你看这报纸上写得有理有据的：李公朴死于"桃色事件"。恐怕他也并不是一个表里如一的人吧。

方特务：对啊，我看你还是不要宣传什么"李公朴被特务暗杀"的谣言了。

市民2：你又是什么人，有什么权力阻止我说话？你莫不是特务？

许学生：大家安静，闻一多先生有话要说。

闻一多：这几天，大家晓得，在昆明出现了历史上最卑劣最无耻的事情！李先生究竟犯了什么罪，竟遭此毒手？他只不过用笔写写文章，用嘴说说话，而他所写的，所说的，都无非是一个没有失掉良心的中国人的话！大家都有一支笔，有一张嘴，有什么理由拿出来讲啊！有事实拿出来说啊！为什么要打要杀，而且又不敢光明正大地来打来杀，而偷偷摸摸地来暗杀！这成什么话？

今天，这里有没有特务？你站出来！是好汉的站出来！你出来讲！凭什么要杀死李先生？杀死了人，又不敢承认，还要诬蔑人，说什么"桃色事件"，说什么共产党杀共产党，无耻啊！无耻啊！

特务们，你们想想，你们还有几天？你们完了，快完了！你们以为打伤几个，杀死几个，就可以了事，就可以把人民吓倒了吗？其实广大的人民是打不尽的，杀不完的！要是这样可以的话，世界上早没有人了。

你们杀死一个李公朴，就会有千百万个李公朴站起来！你们将失去千百万个人民！你们看着我们人少，没有力量？告诉你们，我们的力量大得很，强得很！看今天来的这些人，都是我们的人，都是我们的力量！此外还有广大的市民！我们有这个信心：人民的力量是要胜利的，真理是永远存在的。翻开历史看看，你们还站得住几天！你们完了快完了！我们的光明就要出现了。而现在正是黎明之前那个最黑暗的时候。我们有力量打破这个黑暗，争到光明！我们的光明，就是反动派的末日！

李先生的血不会白流的！李先生赔上了这条性命，我们要换来一个代价。

特务们！你们错了！你们看见今天到会的一千多青年，又握起手来了，我们昆明的青年决不会让你们这样蛮横下去的。

正义是杀不完的，因为真理永远存在！

群众&闻一多：为民主，反内战！为民主，反内战！为民主，反内战！为民主，反内战！

第四幕

时间：1946年7月15日下午

地点：无人的街道

人物：闻一多、祝特务

（闻一多从右侧上台，祝特务跟在后面。）

祝特务：闻一多！

（祝特务开枪，闻一多倒地。祝特务从右侧下台。）

【旁白：闻一多就这样倒在了血泊之中。】

第五幕

【旁白：一个闻一多倒下去，千万个闻一多站起来！】

（闻一多站起。所有同学上台。）

领诵1：红烛啊！

　　　　这样红的烛！

领诵2：诗人啊！

　　　　吐出你的心来比比，

齐：可是一般颜色？

领诵3：红烛啊！是谁制的蜡——给你躯体？

齐：是谁点的火——点着灵魂？

领诵3、领诵4：为何更须烧蜡成灰，

领诵2、领诵5：然后才放光出？

领诵1：一误再误；

齐：矛盾！冲突！

领诵5：红烛啊！

齐：不误，不误！
原是要"烧"出你的光来——
这正是自然的方法。
红烛啊！
既制了，便烧着！
烧罢！烧罢！
烧破世人的梦，
烧沸世人的血——
也救出他们的灵魂，
也捣破他们的监狱！

领诵5：红烛啊！
你心火发光之期，
正是泪流开始之日。

领诵4：红烛啊！
匠人造了你，
原是为烧的。

领诵2：既已烧着，
又何苦伤心流泪？

齐：哦！我知道了！
是残风来侵你的光芒，
你烧得不稳时，
才着急得流泪！

领诵3：红烛啊！
流罢！你怎能不流呢？

齐：请将你的脂膏，
不息地流向人间，

培出慰藉的花儿，

结成快乐的果子！

红烛啊！

你流一滴泪，灰一分心。

灰心流泪你的果，

创造光明你的因。

红烛啊！

（停顿2秒）

领诵1：莫问收获，但问耕耘。

齐：莫问收获，但问耕耘。

指导老师：金紫薇

剧本创作：张宋、罗浩天、胡语、贾妮、王艺涵

服装道具：季姝言

演出人员：

闻一多：张宋

李公朴：雷景云

学生：王喆、许家玮

市民：杨平亚、冯梓滔

特务：陈俊博、祝宇辰、方俊杰

群众：王晟骅、朱宇辰、朱路凯、应哲凡、胡欣怡、朱紫菲、龚政恺、贾妮、徐李欣以及811班全体同学

项目成效与反思

本次语文项目学习的内核为写作教学，以创设真实写作情境为驱动，落实到教材中的写作教学专题。学生在项目学习的过程中主动阅读、合作讨论、形成文字、积极评价，不仅可以发挥学生的主观能动性，创造主动学习剧本文体的空间，还可以有效提升学生剧本写作与改写的能力，尤其是从校

园生活中撷取素材、读写结合的能力。

从项目化学习的四个特征的角度来看本项目,首先我们可以看到,本项目依托阅读节名著演绎这一真实情境,推动学生着手进行项目化学习与写作。验证项目成果的对象非常明确,是我校全体师生。项目的目的是呈现一场精彩的舞台剧,符合项目化学习"问题的真实性"特征。

同时,为了让学生运用项目化学习中的高阶认知策略——系统分析与解决问题,教师给予了学生不同阶段的项目任务。这些任务不仅能够提高学生史料分析、合作、改写、拍摄、演绎等多项综合能力,而且能够体现项目化学习"学习的系统性"特征。

在确定驱动任务后,教师引导学生将项目实施过程分为六个阶段,并形成项目计划表,包括各阶段的时间、需完成的任务及其对应的成果。让学生有目的、有计划地开展项目学习,与其"过程的计划性"特征相符。

学生通过小组合作的形式将项目顺利进行,在最后的成果展示阶段,以精彩纷呈的舞台剧将本组的优秀成果予以呈现,并形成真实的项目反思。这些成果不仅能够真实展现学生多维度的能力,还能够通过文稿、照片与视频的形式呈现在我校校刊、校园网与微信公众号上,从而实现项目学习的"成果现实化"。

从实践案例看,学生通过亲身实践,将名著经典片段搬上舞台,有真实的参与感和获得感。从评价方式和结果看,借助标准化与主观化的评价,学生的能力水平能够直观反映出来。总的来说,本次项目化学习真实有效地激发了学生的创作及表演兴趣,提升了学生统筹、合作、交流的能力,具有一定的借鉴意义。

参考文献

邓彤,2021.项目化学习:促进读写深度融合[J].语文教学通讯(4).

教育部,2018.义务教育语文课程标准(2018年版)[M].北京:北京师范大学出版社.

夏雪梅,2019.项目化学习设计:学习素养视角下的国际与本土实践[M].北京:教育科学出版社.

❻ "辩论赛·辩词写作"项目化学习案例

金翰

✏️ 项目名称

"辩论赛·辩词写作"项目化学习

📖 项目简述

辩论是一种在日常生活和社会活动中经常用到的口语交际方式。小到日常生活出现分歧的争论,大到国际事务的争端,都可能涉及辩论。辩论的根本目的就在于明辨是非、真假、美丑、优劣,通过辩论,可以使人们认清事物真相,比较各种认识的利弊、得失,在新的基础上认清一件事物的本质属性。本项目以组织"书山求索 辩海征程"校辩论赛的活动为真实情境,以多种形式呈现赛前培训成果,帮助比赛顺利进行。在项目实施过程中,结合初中语文统编教材九年级下册口语交际活动"辩论"及"思路要清晰""观点要明确""议论要言之有据""论证要合理"等单元写作,设计"辩词写作""制定赛规"等主要活动,完成项目驱动问题,提升学生的议论性文体写作能力和口语交际水平。该项目在九年级学生中实施。

❓ 驱动性问题

如何结合所学的写作知识,帮助辩论赛选手熟悉比赛规则,学会辩词写作?

🔍 核心概念

充分、严密地陈述观点,有理有据地进行思辨性表达。

📋 学习目标

1. 通过学习课文,掌握"立论"与"驳论"的写作知识;
2. 能够撰写辩论的立论,条理清晰地表达自己的观点;
3. 在辩词写作过程中,关注锻炼思辨能力和临场发挥能力,以小组合作形式展开,注重培养团队合作精神。

项目实施过程

一、入项

（一）情境驱动

（1）导入：教师出示往届辩论会精彩视频，引导学生思考讨论：一场成功的辩论赛有哪些要素？

（2）问题情境：我校将举行主题为"书山求索 辩海征程"的校辩论赛。该情境源于真实的学校活动，辩论赛是我校的传统赛事，学生有较强的参与感。

（3）驱动任务：作为我校九年级学生，如何帮助即将参加我校辩论赛的七八年级选手熟悉比赛规则，学会辩词写作？

（4）学生填写KWL表（见表1）。

表1 "辩论赛"KWL表

主题：辩词写作		
K.关于辩论赛，我知道什么？	W.关于辩论赛，我想学什么？	L.关于辩论赛，我应当进一步学习？

（二）项目介绍与任务分解

经过讨论，教师和学生共同确定将学会辩词写作作为核心的学习项目。六个小组以九下部编版教材的三个辩题"逆境有/不利于成长""现代社会更需要专才/通才""自媒体时代更/不容易接近真相"为依据，两两成队，随机抽签成为正反方。在此基础上，各小组成员填写分工表（见表2），将组内职责细化。

表2 辩论小组分工表

队名：	辩题：	持方：	
分工	职责		姓名
一辩	立论陈词，阐述己方观点		

续表

分工	职责	姓名
二辩	在对方一辩做完开篇陈词之后,对其进行挑战性质疑及询问,强调巩固自方观点	
三辩	参加攻辩和自由辩论,提出问题和回答对方问题	
四辩	总结陈词,反驳对方观点,抓对方的漏洞。再次总结我方观点和价值倡导	
陪练	协助搜集资料,参与辩词写作,模拟对方选手参与练习	

(三)项目实施进程计划

制定项目实施进程计划(见表3)。

表3 项目化学习进程表

时间	任务	时间节点	负责人	完成情况
第一周	学习相关议论文知识,掌握"论"与"辩"的写作知识	4月6—9日	教师	
第二周	辩词写作	4月14—16日	个人	
第三周	小组模拟对辩	4月20—22日	小组、教师	

二、知识与技能构建

教师整合统编教材配套的《作业本》,指导学生通过学习统编教材九年级上册中的三篇议论文,探究议论文的特点,了解"如何阐述自身观点和批驳他人观点"。

(一)学习立论

探究活动一

(1)学生默读三篇议论文,根据文章内容(也可查阅资料帮助理解),分析课文的构成要素,完成表4填写。

表4 议论文分析表

	《敬业与乐业》	《中国人失掉自信力了吗》	《怀疑与学问》
论题	敬业与乐业	中国人是否失掉了自信力	怀疑与学问
论点	"敬业乐业"是人类生活的不二法门	中国人没有失掉自信力	学则须疑
主要论据	道理论据 事实论据	事实论据	事实论据 理论论据
论证方法	引用论证 举例论证 对比论证 比喻论证	批驳论证 举例论证	引用论证 举例论证

（2）完成表格后，小组讨论并画出论证思维导图（见图1、图2）。

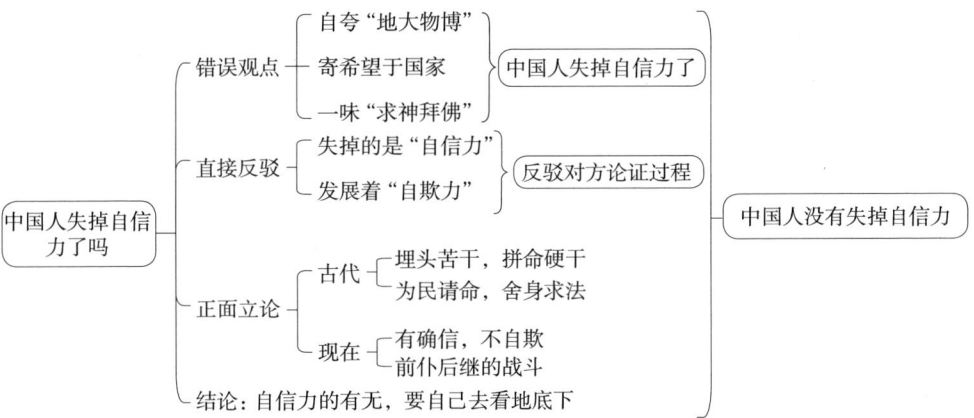

图1 《中国人失掉自信力了吗》思维导图

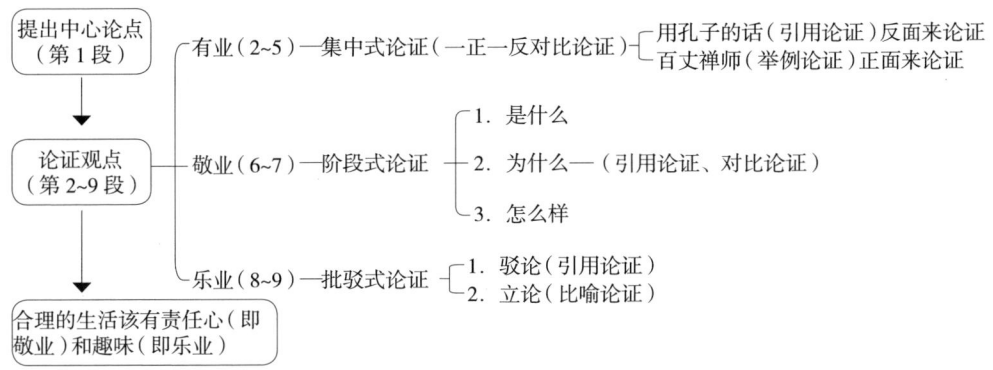

图2 《敬业与乐业》思维导图

立论：运用充分有力的证据从正面直接证明自己论点正确性的论证形式。

【明确】辩词中的立论除了清楚地表明己方观点之外，还需要对辩题中的一些关键概念进行定义和标准的阐述。

（二）学习驳论

探究活动二

学生再次阅读《中国人失掉自信力了吗》，以课文为基础，以"中国人没有失掉/失掉自信力"为辩题，重新整理支撑双方论点的文字，并尝试为"中国人没有失掉自信力"补充论据。

正方辩手：国民党的官僚、政客和社会"名流"	反方辩手：鲁迅
正方论点：中国人失掉自信力了	反方论点：中国人没有失掉自信力
正方论证思路：	反方论证思路：
从公开的文字上看起来：两年以前，我们总自夸着"地大物博"；不久就不再自夸了，只希望着国联；现在是既不夸自己，也不信国联，改为一味求神拜佛、怀古伤今了。	驳斥对方的论点，指出中国人失去的是"信地""信物""信国联"的他信力，发展着"自欺力"。
所以中国人失去了自信力。	提出"我们有并不失掉自信力的中国人在"的论点，举例有埋头苦干的人，有拼命硬干的人，有为民请命的人，有舍身求法的人。

驳论：作用在于"破"，即辨别是非，驳斥错误的观点，同时树立正确的观点。

【明确】在写作辩词的时候，要树立"破"的意识，尽量使辩词的逻辑不存在明显的漏洞。

探究活动三

小组活动，从课文中汲取议论的逻辑。

《敬业与乐业》（递进式）：有业之必要——→敬业之价值——→乐业之境界

《谈骨气》（并列式）：富贵不能淫-贫贱不能移-威武不能屈

《山水画的意境》（递进式）：意境是什么？——→为什么需要意境？——→如何达到意境？

（三）学习辩词

探究活动四

教师带学生欣赏一段正方辩词，学生讨论总结辩词的特色及辩论技巧。

学生总结：顺水推舟、借力打力、避其锋芒。

探究活动五

（1）根据教师所给辩词，学生尝试寻找一两处可以反驳之处。

提供的辩词：请阅读正方辩词，并尝试站在反方立场，写一段辩词。

谢谢主席，各位老师、同学、对方辩友，大家好！

我方认为，所谓通才是指具有广阔知识平台，丰富知识储备和多种技能的人才；所谓专才，是指在某一领域达到较高层次水平的人才。我方并不否认现代社会需要专才，但是在看谁更能适应时代特点、社会需求时，我方坚定认为现代社会更需要通才，理由有三：

第一，通才能更好地认识事物本质。通才因为其广博的见识和丰厚的底蕴，更能有效地认识事物的相互联系，从众多个性的知识、领域、事物中抽象出共性的规律，利用规律认识事物本质，改造客观世界，推动社会进步。

第二，通才能更好地适应现代社会的快速变化。现代社会瞬息万变，科学技术日新月异，产业结构调整不断深化，跨行业、跨领域的人才流动日益频繁。社会要发展就需要能够迅速适应变化的人才。通才拥有深厚的知识经验的基础和积累，掌握多种技能，有更大的可塑性，更易于接受并理解新事物，更易适应变化，更能跟紧时代步伐。

第三，通才能更好地适应多元化的特点。现代社会越来越呈现出分工细化和领域多元化的特点。行业之间、同一行业不同分工之间有效的整合和协调沟通就成了一个亟待解决的问题。通才因其广阔的知识平台、丰富的知识储备，能够更好地触类旁通，拥有更强的知识整合能力、综合考察理解能力及全面的协调沟通能力。

综上所述，我方坚定地认为，现代社会更需要通才！

原版辩词：

谢谢主席，问候在场各位。今天我方的观点是现代社会更需要专才。

开篇名义，专才是指有着建立在广博基础上的某个领域的专门高精尖人才。而通才是指涉猎多个领域但没有自己特色的人才。我们认为专才的优势在于专才对于知识的理解更深、更专、更精。我们所要论证的正是对某领域知识精深的理解比广博的知识面更符合社会需求。而我们今天讨论社会更需要什么样的人才，实际上就是看谁更能促进现代社会的良性运行和可持续发展。下面我将从三个方面对我方观点进行论述。

首先，一个人的精力和时间是有限的。生命短短数十载，我们专心于一个领域尚且不能保证有所成就，倘若分散精力对各个领域都去浅尝辄止，不仅无法更好地体现个人价值，更是对社会人才无可挽回的浪费。其次，良性运行和可持续发展是现代社会的首要要求。而高度分工是现代社会的一个显著特征。在每个细化的领域内，专才的知识可以得到最大限度的利用，可以做到把知识延伸和拓宽，也就是所谓的创新。分工之后就是整合，专才之间的合作避免了重复劳动，同时效率更高。最后，从社会竞争力的角度，通才样样通样样不精的特点决定了自身的行业竞争力不足，往往在社会淘汰浪潮中首当其冲。而专才只专注于一个领域，对该专业有着自身独特的见解和难以替代的专业技能，在一个行业里占据高位，这就是核心竞争力。衡量一个人的工作能力，最首要的只可能是他能否出色地完成自己的本职工作。

综上所述，我方坚持认为现代社会更需要专才，谢谢！

（2）基于反驳之处，先填写表5，再组织语言为反方写一段辩词，组内比较，选出最具有针对性和条理性的辩词进行分享，并且与原稿比较。

表5　立论结构梳理表

辩方	立论	论点及论证一	论点及论证二	论点及论证三
正方	现代社会更需要通才	通才能更好地认识事物本质	通才能更好地适应现代社会的快速变化	通才能更好地适应多元化的特点
		论证：广博的见识和丰厚的底蕴能抽象出共性的规律，改造客观世界	论证：易于接受并理解新事物	论证：拥有更强的知识整合能力、综合考察理解能力、全面的协调沟通能力
反方	现代社会更需要专才	论点：	论点：	论点：
		论证：	论证：	论证：

（四）明确辩词写作知识

在明确个人责任后，小组成员再次填写KWL表格（见表6），帮助自己明确还需要教学的辩词写作知识。

表6　辩词写作KWL表

主题：辩词写作		
K.我知道什么？	W.我想学什么？	L.我已经学会了什么？
辩词属于议论性文体。 辩词需要言之有理，言之有据。 辩词除了立论之外还要驳论。 辩词的格式	不同辩位的辩手辩词有什么区别？ 辩词要偏书面化还是口语化？	观点要明确； 议论要言之有据； 论证要合理

（五）学习"论"和"辩"

1. 制定赛规。

实践活动一

根据我校实际，参考2000年全国大专辩论会比赛规则，讨论制定适合本校的辩论赛规则，帮助学生更好理解比赛流程。根据探究性和实践性活动所学。

（1）以小组为单位修改评价量规，每组提交一种方案。

（2）全班逐项讨论，共同修订，形成最终的评价量规如下：

金华市外国语学校辩论赛比赛规则

（1）赛制：4对4团体辩论赛

（2）辩论赛流程（由主持人执行）

（3）宣布比赛开始

（4）宣布辩题

（5）介绍参赛队伍及所持观点

（6）介绍规则及评委

（7）比赛正式开始

（8）评委退席讨论结果及观众提问环节

（9）宣布比赛结果及颁发获奖证书

（10）辩论程序（见表7）

表7 辩论程序表

序号	程序	时间	备注
1	正方一辩发言	3分钟	
2	反方一辩发言	3分钟	
3	正方三辩盘问，可以质询对方任何辩手。（除了对方三辩）答辩方只能作答不能反问，而质询方有权在任何时候中止答辩方	正方80秒 反方120秒	
4	反方三辩盘问，可以质询对方任何辩手。（除了对方三辩）答辩方只能作答不能反问，而质询方有权在任何时候中止答辩方	反方80秒 正方120秒	
5	反方二辩驳辩	2分钟	
6	正方二辩驳辩	2分钟	
7	自由辩论。发言辩手落座为发言结束，即为另一方发言开始的计时标志，另一方辩手必须紧接着发言；若有间隙，累计时间。同一方辩手的发言次序不限。如果一方时间已经用完，另一方可以继续发言，也可向主席示意放弃发言（正方先开始）	各3分钟	
8	反方四辩总结陈词	3分钟	
9	正方四辩总结陈词	3分钟	

实践活动二

设计评委打分表。

明确了辩论赛规则后,各小组讨论制定了评委打分表,确定每场比赛的评委人数为 5 人,最终版表格见表 8。

表 8　金华市外国语学校辩论赛评分表

队伍名称:

项目	阶段	项目	得分	评价
团队总分(300分)	辩论阶段	陈词(30分)		
		盘问(50分)		
		自由辩论(60分)		
		总结陈词(30分)		
		回答提问(30分)		
	综合印象	语言风度(50分)		
		团队配合(50分)		

个人得分(100分)	一辩	二辩	三辩	四辩
语言表达(20分)				
整体配合(20分)				
辩驳能力(20分)				
美感风度(20分)				
综合印象(20分)				
总分				

评委签名:

注:每场比赛的胜负判断,依照各位评委的团体分总和判断(去掉一个最高分和最低分)。辩手个人得分只作为个人奖项的评审依据,与判断每场胜负无关。

三、批判性反馈与修改

实践活动一

（1）辩论既是"智商"的交锋，也是"情商"的考验，既讲究个人表达，也重视团队协作。小组参考《钱是万恶之源/钱不是万恶之源》的自由辩论环节，尝试对辩。

（2）全班再次观看示范视频，根据评价量表（见表9、表10），总结优点与不足。

表9　模拟对辩评价表

范例视频	优点	我们的不足
对辩经验总结		

表10　小组个人模拟对辩评价表

对辩	入门级	有待提高	能较好完成	非常好
内容：信息充分，能围绕辩题展开论述				
逻辑结构：主体结构清晰，有逻辑，有具体论证，语言丰富，有总结陈词部分				
陈述：讲话有力，吐字清晰，易于听众理解，与对方有目光交流，有合适的肢体语言				

实践活动二

学生从其他的优秀辩论赛视频中（1993年国际大专辩论赛决赛：人性本恶/善、2001年国际大专辩论赛半决赛：以成败论英雄是可取的/以成败论英雄是不可取的、2010年国际大学群英辩论会决赛：用人不疑，疑人不用/用人要疑，疑人也用）选择1场，认真观看并完成学习笔记（见表11）。

表11　观摩辩论赛学习笔记

我观看的辩论赛	
双方的辩论思路	正方： 反方：
双方的精彩语录摘录	
值得学习和借鉴之处	

四、出项

（1）形式：以班级为单位，按照制定的比赛规则，开展小组辩论赛。

（2）邀请人员：本班级任课教师，全年级语文老师，部分家长。

（3）各小组按抽签顺序进行比赛，由到场来宾对辩手及团队表现做出评价。

（4）参与项目的所有同学对项目进行反思。

（5）组长填写《小组行为观察清单》（见表12、表13），完成阶段性的评价任务。

表12　小组行为观察清单

小组名称：　　　　　小组辩题：

回顾上一个阶段小组成员的行为表现，在最符合的方框内打钩	所有成员	大部分成员	一部分成员	少量成员
当教师在讲解辩词写作时，小组成员的表现是： 认真听讲，积极反馈 做笔记 对重要信息进行筛选	☐ ☐ ☐	☐ ☐ ☐	☐ ☐ ☐	☐ ☐ ☐
在小组讨论完成布置辩词写作任务时： 立即开始工作 专注于完成任务，没有离题 能够从教师讲解中获得帮助	☐ ☐ ☐	☐ ☐ ☐	☐ ☐ ☐	☐ ☐ ☐

续 表

回顾上一个阶段小组成员的行为表现，在最符合的方框内打钩	所有成员	大部分成员	一部分成员	少量成员
在归纳总结环节，小组成员的表现是： 积极参与 有效地做出决策 对决策和计划做笔记 分享关键信息	☐ ☐ ☐ ☐	☐ ☐ ☐ ☐	☐ ☐ ☐ ☐	☐ ☐ ☐ ☐

表13 项目评价表

评价项目		评价指标	评价等级				评价结果		
			A	B	C	D	自我	同学	教师
总结性评价	辩词写作	①论点明确，条理清晰 ②论点新颖，论据具有典型性和说服力 ③说理有深度，具有普世价值观							
	模拟辩论	①熟悉比赛规则，遵守比赛秩序 ②普通话标准，大方、得体、自信 ③表达清晰，声情并茂 ④善于聆听，快速反应							
表现性评价	人际交往	①讨论时能认真听取他人意见，积极配合小组活动 ②友善表达自己的观点，提供创意性建议 ③在组内担任组员或组长的角色，认真完成组内任务							
综合评价									

（六）学生反思

张雨乐：这次项目化学习对我而言是一场全新的学习旅程，我们第一次深入接触了辩论的前前后后，这比直接作为选手参加辩论赛的要求高多了。除了制定比赛规则，我们还要自己撰写辩词，同一个辩题，每个人居然都能写出洋洋洒洒的一大篇，真是太强了！

杜昭言：从议论文的学习到辩词写作的转换很神奇，视频里看到的辩论大神们竟然就在我身边，我们组的讨论氛围很好，针对"自媒体时代更/不容易接近真相"这个辩题，同学们都拿出了自己的看家本领，讨论很有深度和逻辑性，这样的项目化学习很有意思。

郭添翼：作为小组长，每个组员在辩词写作环节展现出来的专业水平令我刮目相看。原来我对辩论的理解就是针对一个问题发表自己的看法，通过学习才明白辩论里有破有立，也是有很多技巧需要学习的。我认为在之后写议论性的文章的时候会有很大的进步。

黄涂健麟：比较遗憾的是在后期实际对辩的时候，可能是因为口头表达的欠缺，我们的辩手没有把写好的辩稿很清晰地表达出来，导致对方强压一头。

郑文瀚：我很喜欢老师设计的评价表格，感觉每一步都能够走得很踏实，评估自己在这个环节做了哪些事情、做到了什么程度，希望以后的语文课也会有表格评价的环节。

学习成果举隅

1. 学生成品一：

谢谢主席，问候在场各位。今天我方的观点是现代社会更需要专才。

首先给大家阐述一下我方对辩题的定义：我方认为，通才指的是在各个领域都有所涉猎、知识面广，但不是专家的复合型人才；专才指的是在某个专业领域有所研究成就的、水平较高的专业型人才。我方不否认现代社会需要通才，但我们认为现代社会更需要专才。理由有三：

第一，专才能更好地认识、了解某一事物的本质。"术业有专攻"，专才对这个事物、这个领域有着更加专业的知识和深刻的理解与体会。通才固然可以探究事物之间共性的规律，但"博而不精"的知识面难免会造成理解不深刻、不透彻，甚至错误的情况。"杂交水稻之父"袁隆平一生致力于杂交水稻的研究，有许多的成就与贡献，毫无疑问是该领域的"泰斗"。其他人对于杂交水稻的研究、理解、体会当然比不上他。更好地认识这一事物的本质，能准确地抓住其核心，从而推动社会进步。

第二，专才更适应现代社会的竞争与需要。虽然现代社会瞬息万变，但不变的是社会分工细化的趋势。分工细化则代表了对该领域、该行业有着更高的标准与要求。在各个分工细化后的工作岗位竞争上，通才很难或不能完全达到要求，但该领域、该方面的专才却能胜任。专才更加适应了社会分工细化的趋势和社会需要。

第三，专才更适应多元化的社会。社会多元化的特点恰恰反映了现代社会更需要专才而不是通才。行业之间，不同行业不同分工之间有效地整合是基于专才岗位需求，才需要部分通才的整合与沟通。相比之下，专才是现代多元化社会的主体。好比医院里有许许多多的各科医生，而院长、主任的数量则是有限的。相较之下，各科医生才是医院的核心与主体。所以专才更适合当今多元化的社会。

综上所述，我方坚定地认为，现代社会更需要专才！

2. 学生成品二：

谢谢主席，问候在场各位。今天我方的观点是现代社会更需要专才。

首先给大家阐述一下我方对辩题的定义：我方认为，专才，即在某一领域具有丰富的知识储备、并达到高层次水平的人才；通才是浅层次涉猎颇广、多个领域均有涉及的人才。现代社会的确需要通才，但就如今社会现状、市场需要和时代发展趋势，现代社会发展更需要专才，理由如下：

专才较通才在该领域更具丰富的知识，专业水准更高于浅层涉猎的通才。古语云："业多而不精。"当涉及领域多元后，心思难免分散，无法专心致志。尤其是现在诸多领域从业门槛高，理论极为复杂深奥，专才能更精通该领域，有所创新、有所突破。在此先提出，对方辩友刚才告诉我们"通才可以改造客观世界，推动客观进步"。何为"社会进步"？概念不明确。我方认为，"社会进步"是指社会文明科技的发展，人的需求层次提高。通才是更好地连接整合了各领域，而专才因为专注、精通，更有突破性发展、创新性研究，推动了科技文明的发展、智能的提高，推动社会发展。

专才更符合市场需要。如今随着教育的普及和水平提高，人们所拥有的教育资源更多元化，掌握两门及以上多种外语的人不再稀缺，拥有多种技能的通才已不再是市场的"宠儿"。如今许多企业相竞争取的是高端领域的人才。据市场对人才需求的调查报告显示：当前众多企业更看重专业型人才（即专才），希望职员能在自己的业务领域内做精做深。由此可见，在某一领域精通的专才更符合市场的需要、符合社会需要。

专才更适应当下高度专业分工的社会。术业有专攻，专才对其所处领域了解更透彻。如今科技日新月异，理论知识刷新速度日益加快，专才不仅能更快更好地适应社会分工细化专业化的特点，在面对业内的新变化、新发展时，因为自身专业素养高，反应及处理能力更强，可以更快地适应由此细化分枝出的新专业或者领域，更适应当下社会，符合未来高度专业分工的趋势。

综上所述，我方坚定地认为，现代社会更需要专才。

学生评价：

优点：巧妙利用对方的立论来反驳，通过对定义范围的明确、对事例的结合，增强准确性和说服力，态度非常认真。

缺点：三个要点虽然有在每段开头指出，但是各段后面延伸较宽，即便都是论点，读者看完或听众听完或许会感到有些混乱。论述内容可以在说三大论点时就大概明确下范围。

三大论点基本都概括对方论点的对立面，这样会更好地理解，但"公说公有理，婆说婆有理"，同一方面的不同角度论述不算有力。作为反方，可以找些有更强突破性和攻击性的例子。

主论中所谓"最后希望对方辩手回答两个问题"中的那两个问题，第一个是对己方之论的总结而对对方发出的同辩题一样的反问，就如同卖西瓜的同卖香瓜的说"你不觉得我的西瓜更好吃"这般，多少浪费口舌了。至于第二个……我反复读了三遍，没看到问题啊？！而且个人觉得这应该是二辩、三辩说的内容……

其实我觉得余写的很不错，因为缺乏中所指出的两点问题我们讨论时也有提出，但尚未找出合适的解决办法，只能说大家都还需要更多的学习吧。

项目成效与反思

（一）设计以终为始的写作任务，提升素养

核心活动的设计必须涉及学生对知识的理解和应用。在本项目中，核心活动的设计直指辩词写作，首先通过学习课文中的一部分议论文，让学生了解立论和驳论的知识，进而对辩词写作产生兴趣，然后尝试将课文中的论点论据转化为辩论稿的形式，最终带领学生真正接触辩论稿件。该项目的设计循序渐进，层层深入，起点和终点都是为了提高学生的写作能力。初中阶段是从形象思维向抽象逻辑思维过渡的关键时期，本项目有助于学生的思维发展与品质的培养。

（二）立足真实校园活动，兼顾学情

在本项目化学习的设计中，以我校即将准备辩论赛的真实情境为切入口，唤醒学生的主人翁意识。九年级的学生已经参加过一次辩论赛，但大部分学生都是以观众的身份参与其中，参与感很弱。本次项目化设计则改变了以往学生仅听教师安排的学习形式，让学生结合所学的写作知识，帮助校方为参赛选手作赛前培训，熟悉比赛规则，学会辩词写作。以学习辩词的形式了解辩论赛、参与赛规制定，符合九年级学生学习时间紧张及初三阶段的写作从纯粹的记叙文走向议论文的学情，同时助推了学生对议论性问题的理解。

（三）不足之处

笔者发现，设计体验性的活动有利于鼓励学生探究的兴趣。但由于时间所限，一部分学生对于课文的理解依然处于浅层次，对于后期自己写作辩词这一环节有一定的困难，属于"有心无力"。在项目实施中，教师采用了以"鼓励探究"为主的评价观减轻学生们的困难意识，是一次有效尝试。成功的项目化学习既需要学生具备一定的自主探究的兴趣、习惯与方法，又需要时间的沉淀与学校、教师的不懈努力。

❼ "我向党表白·学习抒情"项目化学习案例

李哲 郑妹丽

✏️ 项目名称

"我向党表白·学习抒情"项目化学习

📖 项目简述

"微写作"是当下比较流行的一种新型写作方式,具有篇幅短小、针对性强、涉及范围广,形式自由灵活、易操作等特点。微写作立足于"微"字,在精练的语言中彰显大义,积微成著,具有很强的现实性和实用性。微写作项目化的设计与实施,能够彰显学生思维的深度和广度,是语文核心素养培育目标下促进学生思维发展、提升学生思维品质的有效途径。

《语文课程标准》在课程目标与内容中明确要求:在语文学习过程中,培养爱国主义、集体主义和健康的审美情趣。本项目以"建党100周年,我向党表白"为活动背景,在真实的驱动性问题下,学生学习并实践"学习抒情"微写作,继而通过制作书签、形成书签文集,并进行全校展示。这是统编教材语文七年级下册第二单元的写作课。

在项目实施中,引导学生立足于真实的情境,主动建构知识,投入情感与智慧，整合微写作、文本朗读、书签制作、朗诵音频制作等内容，最终合作完成"向党表白"的"学习抒情"微写作任务。

该项目在七年级学生中实施。

驱动性问题

如何通过微写作向党的生日献礼？

核心概念

通过对情感的深刻体验和细致揣摩，恰当地抒发自己的真情实感。

学习目标

1. 通过项目化学习，把握学习"抒情"微写作的主要特点和写作要领。

2. 合作探究，引导学生在情感体验的基础上，理解直接抒情和间接抒情的表达效果，学习基本抒情方法。

3. 通过小组合作，制作"我向党表白"书签、录制我向党"表白"音频。培养学生合作创新能力，增强爱党爱国意识，提高审美情趣。

项目实施过程

一、入项

（一）情境驱动

2021年，正值建党100周年，社会各界开展丰富多样的庆祝活动，有的举办党史竞赛活动，有的组织建党100周年有奖征文主题活动，有的组织建党100周年摄影作品展览主题活动，也有举办"庆祝中国共产党成立100周年·我们都是追梦人"经典诵读活动等。作为七年级的学生，你会通过什么不一样的方式为建党100周年献礼呢？

在这一情境中，学生将通过文字抒发自己对中国共产党的情感。由此，在上述"真实"情境的基础上，经过学生讨论，最后在老师的引导下，设计了如下驱动性学习任务："如何通过微写作向党的生日献礼？"

（二）项目介绍与任务分解

引导学生通过讨论，围绕语文学习，确定项目的成果形式。明确在过程中，所要实现的写作目标是将对党的心声，以抒情微写作的方式有创见地表现出来，并与同伴分享写作心得，合作完成"我的党，我想对你说"的书签制作。

学生进行头脑风暴，根据已有知识储备讨论如何向党生日献礼，在微写作中表明自己的真情，体现自己的思想或观点。学生根据自己感兴趣的不同写作切入点，结伴组建项目小组。学生所选话题涉及谈论党史、感人故事、革命传统、历史使命、红船精神、不忘初心等。

在项目实施前制定项目学习实施KWL表，初步了解学生的项目实施能力（见表1）。

表1 "我向党表白·学习抒情"项目学习实施KWL表

关于"我向党表白·学习抒情"书签制作与音频制作，我知道什么？	关于"我向党表白·学习抒情"书签制作与音频制作，我想学什么？	关于"我向党表白·学习抒情"书签制作与音频制作，我要进一步学习的内容

明确每个人在本项目中要努力提高的自我素养。师生统一认识，充分调动学生积极主动地参与到项目活动中。本项目着力提高以下三方面的学生素养：

基本技能：学习抒情并进行文本创作，制作书签，录制音频及制作。

思维能力：学习创造性的表达，解决生活实际问题。

个人素质：有担当、交往互助、自我管理。

（三）项目实施进程计划

1. 教师提供项目化学习进度表，小组拟定进程表。

教师就该项目学习实施进度制定规划表（见表2）。

表2 "我向党表白·学习抒情"项目学习实施进度规划表

周次	课时	任务	时间节点	负责人	完成情况
第一周	第一课时	跟着课本学"抒情"	6月7日	个人、教师	
	第二课时	跟着名家学"抒情"	6月8日	个人、教师	
	第三课时	个人自选角度完成微写作内容	6月9日	个人	
	第四课时	个性化完成"向党表白"微写作内容的展示	6月10日	个人	
	第五课时	小组分享个人成果并相互提出修改建议	6月11日	个人、组长	
第二周	第六课时	小组内推选优秀成果展示	6月14日	个人、组长	
	第七课时 第八课时	制作微写作书签和"表白"音频的录制	6月14—15日	组长、教师	

2. 拟定小组进程表签订团队协议书。

各小组根据整体规划表拟定小组进程表并签订团队协议书，以第三小组的进程表为例（见表3）。

表3 第三小组"我向党表白·学习抒情"项目学习实施进程规划表

时间	任务	负责人	完成情况	特殊情况	备注
6月7日	学习"学会抒情"写作知识，制定评价量规	个人、教师			
6月9日	个人自选角度完成微写作内容	个人、组长			
6月11日	小组分享个人成果并相互提出修改建议	个人、组长、教师			
6月14—15日	制作微写作书签和"表白"音频的录制	个人、组长、教师			

（四）项目评价框架

以终为始，师生共同搭建项目评价框架（见表4）。

表4 "我向党表白·学习抒情"微写作项目评价框架

评价模块	优	良	合格
微写作	①语言准确，简明合理，突出主题 ②思维敏捷，思路清晰，有一定新意 ③针对具体情境，微写作的呈现形式多样 ④写作样式丰富、语言富有个性化	①语言表达清楚，比较简洁，能适当突出微写作主题 ②写作思维比较敏捷，思路较清晰，有一定新意 ③针对具体情境，微写作的呈现形式多样	①语言比较清楚，有一定主题 ②写作思维一般，有一定思路

续表

评价模块	优	良	合格
书签制作	①书签样式：大方得体，富有个性化，符合"向党表白"红色主题 ②书签内容：包括文字和图画两部分，要求图画为内容服务，整体美观 ③文字书写规范流畅，有一定的艺术感	①书签样式：大方得体，富有个性化，符合"向党表白"红色主题 ②书签内容：包括文字和图画两部分，要求图画为内容服务，整体美观	①书签样式：大方得体，有一定个性化，比较符合"向党表白"红色主题 ②书签内容：包括文字和图画两部分，要求图画为内容服务
音频制作	①仪表形象：服饰大方、自然、得体、举止从容、端正，精神饱满，态度亲切 ②语言表达：吐字清楚、准确，语言生动，语气、语调、声音、节奏富于变化，轻重缓急、抑扬顿挫切合朗读的内容，能准确、恰当地表情达意，舒心悦耳，娓娓动听 ③态势神情：姿态、动作、手势、表情、眼神能准确、鲜明、自然、形象地表达朗读内容和思想感情，渲染气氛，增强表达效果。 ④朗诵技巧：朗诵有感染力，声情并茂，朗读富有韵味和表现力，能与听众产生共鸣	①仪表形象：自然得体、举止从容、端正，精神比较饱满，态度比较亲切 ②语言表达：吐字比较清楚准确，语气、语调、声音、节奏有一定变化，轻重缓急、抑扬顿挫切合朗读的内容，能表情达意 ③态势神情：姿态、动作、手势、表情、眼神能准确地表达朗读内容和思想感情，渲染气氛，增强表达效果 ④朗诵技巧：朗诵有一定感染力，朗读有一定韵味和表现力，能与听众产生一定的共鸣	①仪表形象：自然得体、精神状态良好，有一定亲切度 ②语言表达：吐字比较清楚，节奏有适当变化，结合朗读内容能传情达意

续　表

评价模块	优	良	合格
小组合作	①小组成员互相促进，彼此鼓励参与 ②所有的小组成员都参与到工作中 ③项目工作被分解给各项目成员，并完成 ④有效利用成员优势，小组之间合作好	①小组成员互相促进，一定程度上能彼此鼓励参与 ②所有的小组成员都参与到工作中 ③项目工作被分解给各项目成员，并能配合完成任务	①小组成员能互相促进，能适时鼓励对方参与项目活动 ②项目工作被分解给各项目成员，并能完成

本项目评价框架经过学生讨论后共同制定。

二、知识与技能构建

项目写作课堂——学习抒情

（一）教学目标

1. 合作探究，引导学生在情感体验的基础上，理解直接抒情和间接抒情的表达效果，学习基本抒情方法。

2. 学生学会理性思考，热爱生活，真实抒情。

3. 通过小组合作，培养合作创新能力，制作"我向党表白"书签、完成"表白"音频的录制。

（二）教学过程

1. 温情导入，回忆激趣。

2020年十一假期，班级组织了为祖国母亲庆祝71华诞的"向祖国母亲表白"的爱国团日活动。课前先带领学生跟着公众号推文一起回顾。

请用一个词语表达你此时此刻的心情？（自豪、激动、感动……）

明确：抒情就是表达情思、抒发情感，而且要抒真情。

2. 课堂导学，搭建支架。

（1）直接抒情。

回顾课文中的经典语段，通过朗读，再次感知作者直接抒发的情感。

示例1：我们祖国的英雄儿女，将要学习你的榜样，像你一样的伟大坚强，像你一样的伟大坚强！

——光未然《黄河颂》

示例2：请党放心，强国有我。

——共青团和少先队员在天安门广场的致词

示例3：为什么我的眼里常含泪水？因为我对这土地爱得深沉。

——艾青《我爱这土地》

示例4：对于广大的关东原野，我心里怀着挚痛的热爱……为了她我愿付出一切。

——端木蕻良《我爱这土地》

示例5：我爱我的母亲……我应该感谢我的母亲……

——朱德《回忆我的母亲》

示例6：白杨树实在是不平凡的，我赞美白杨树！

——茅盾《白杨礼赞》

……

小支架：直接抒情，即直抒胸臆，是直接、明朗地抒发感情。上述的五个示例，作者或诗人不借助任何外物，不借助别的手段——不结合叙述、描写等表现手法，而运用生动形象的语言，不含蓄委婉，直诉肺腑、袒露心意，直接地表白自己的思想感情，以此来感染读者。

借鉴点：在向中国共产党倾诉情感时，可直陈肺腑、不"附着于物"，让思想感情直接宣泄。

（2）间接抒情。

①融情于景。

示例1：当我躺在土地上的时候，当我仰望天上的星星，手里握着一把泥土的时候，或者当我回想起儿时的往事的时候，我想起那参天碧绿的白桦林，标直漂亮的白桦树在原野上呻吟；我看见奔流似的马群，深夜嗥鸣的蒙古狗，我听见皮鞭滚落在山涧里的脆响；我想起红布似的高粱，金黄的豆粒，黑色的土地，红玉的脸庞，黑玉的眼睛，斑斓的山雕，奔驰的鹿群，带着松香气味的煤块，带着赤色的足金；我想起幽远的车铃，晴天里马儿戴着串铃在溜直的大道上跑着，狐仙姑深夜的谰语，原野上怪诞的狂风……

——《土地的誓言》

示例2：窗外的树叶'唰唰啦啦'地飘落……又是秋天，妹妹推我去北海看了菊花。黄色的花淡雅，白色的花高洁，紫红色的花热烈而深沉，泼泼洒洒，秋风中正开得烂漫。

——《秋天的怀念》

小支架：示例1，综合运用比喻、拟人、排比的修辞手法，从视觉、听觉、嗅觉等角度，全面而生动地描绘了广袤的关东原野上美丽的风光、富饶的物产，表达了作者对家乡的热爱和思念之情。这是间接抒情中的"融情于景"。

示例2，"窗外的树叶'唰唰啦啦'地飘落"，暗示作者自己当时悲凉的心情。文末最后通过写菊花，体现出作者史铁生领悟到母亲的良苦用心（无论遭遇什么厄运，无论选择怎样的人生之路，都要活得坚韧、活出尊严），也表达了自己对母亲的怀念。

在表达感情时，正面不着一字，读完后的感受是见"景"不见"情"，但是仔细分析后却会发现感情的全部，都寄寓于眼前的自然景色之中，"一切景语皆情语"。

借鉴点：在表达对党的情感时候，可以选取具有代表性的景物进行细致地描写或进行前后对比描写，从而凸显中国共产党的伟大，以表达对党的感激、敬仰、爱戴等情感。

②寓情于事。

示例：南海潮涌，东方风来，春天的故事在希望的田野上铺展。故事里，有开放的特区敢为人先；故事里，有回归的港澳游子团圆；故事里，青藏铁路连接团结进步的桥梁；故事里，奥运火炬点燃自信自强的烈焰。

嫦娥探月，蛟龙深潜，生态文明，绿色低碳，和平发展，合作共赢，"一带一路"互通互联……

小支架：通过回顾"改革开放""港澳回归""建设青藏铁路""成功举办奥运会""一带一路"等一系列具体事情，歌颂党为人民谋幸福，为民族谋复兴的伟大。

借鉴点：在表达对党的深情时，可落实到典型事件中，使情感的表达更充实。

③寓情于议。

示例1：白求恩同志毫不利己专门利人的精神，表现在他对工作的极端的负责任，对同志对人民的极端的热忱。……白求恩同志是个医生，他以医疗为职业，对技术精益求精。……我们大家要学习他毫无自私自利之心的精神。

示例2：我赞美白杨树，就因为它不但象征了北方的农民，尤其象征了今天我们民族解放斗争中所不可缺的朴质、坚强、力求上进的精神。

小支架：这些议论句融入了作者炽热的感情，抒发了对白求恩精神的赞美，揭示了白杨树的象征意义表达了对具有"白杨树"一样精神品质的中国抗战军民的赞美。

借鉴点：抒情时，加入适当的议论，由表及里地挖掘深层内涵，会使得文章的思想更加精辟，意境更加深远。

3. 师生共同制定微写作评价量表。

针对项目写作课堂学习的要点，指导学生进行"抒情"微写作，师生共同探讨并制定微写作评价量表（见表5）。

表5 "我向党表白·学习抒情"微写作维度一览表

维度一	语言准确，简明合理（写作过程中力求语言流畅，表达准确，简明合理）
维度二	思维敏捷，思路清晰，有一定新意
维度三	针对具体情境，微写作的呈现形式多样，符合写作要求（如诗歌、散文、叙述等）

续 表

维度四	写作样式丰富、语言富有个性化。抒情样式多样化：直接抒情、融情于景、寓情于事、寓情于议等。综合运用抒情方法，实现表达的个性化
自我评价	
小组评价	

4．课堂练笔，写作实践。

（1）个人自选角度完成"向党表白"微写作内容。

（2）组内分享个人成果并相互提出修改建议。

成果展示一 "书签制作"学习支架

1．支架名称：我来制作书签。

2．学习内容：通过视频学习，小组讨论交流，寻找书签制作方法。

3．学习目标：了解书签制作流程，并独立制作一张个性化的向党表白的书签。

4．学习技能：学习书签制作的具体技巧与方法。

5．成果呈现：书签。并在校园内展示书签。

6．学习过程：

任务一 观看《一枚小书签的诞生记》视频，归纳书签制作流程及方法。

准备物料：一张8开大的素描纸、宣纸、剪刀、绘画用笔以及其他相关用品。

第一步：裁剪与搭配，先将素描纸裁剪为宽长 7cm×21cm。选择大小合适的宣纸粘贴，并涂上颜色，如红色等。

第二步：适当进行图画创作，如党旗、红梅、百合等。

第三步：把自己的"我向党表白"微写作作品誊抄到书签上。

第四步：用不同颜色的线制作流苏。

任务二 制作书签实践活动。

学生根据已掌握的流程及书签制作方法，创作"我向党表白"书签。

成果展示二 "音频表白"朗读学习支架

1. 支架名称：我来向党表白。

2. 学习内容：模拟名家朗读，找到并尽力弥补差距，根据自己的微写作文稿录制音频。

3. 学习目标：了解朗读的基本技巧，懂得好的朗读应具备的要素。

4. 学习技能：个人的朗读能力，以及处理个人文稿的朗读设计。

5. 成果呈现：录制朗读音频，并上传至网络进行传播。

6. 学习过程：

任务一 观看《朗读者》第一季濮存昕读老舍《宗月大师》，学习朗读技巧。

任务二 学生模拟朗读，在对比中发现不足，根据评价量规，总结优点与不足。

通过任务一的学习，学生总结好的朗读的要素，然后制定朗读评价量规，并参照评价量规总结自身朗读的优点与不足（见表6）。

表6 模拟朗读对比表

朗读版本	优 点	不 足
濮存昕版	①语音标准、吐字清晰 ②富有感情、肢体动作和面部表情到位 ③朗读流畅有节奏，能适当脱稿 ④眼神能与观众交流互动，很投入 ⑤所配的背景音乐得体，有助于情感的抒发	
模拟版	①发音准确，吐字清晰 ②语速适中 ③背景音乐的基调符合情感宣泄的需要	①朗读不够流畅，有背文稿之嫌，肢体动作太多 ②神情交流不够，眼神有躲闪 ③感情不够深入，变化少
模拟朗读经验总结	①搭配自然的肢体语言，动作幅度不夸张 ②朗读词要更熟悉，朗读节奏要恰当，标注重音轻音，注意语调变化 ③感情投入，眼神交流自然	

制定与本项目的学习目标一致的表现性评价，能够让学生有更明确的学习方向，帮助学生达到甚至超过标准。另一方面，也便于教师对整个项目的实施进行有效管理和跟踪。

任务三 实践活动

根据已掌握的朗读技巧，先反复练习，然后小组推选最佳"朗读者"进行音频录制，而后上传到网络进行传播。

三、批判性反馈与修改

（一）成果展示前的反馈

1. 活动目的。

（1）检查并评估前一阶段各小组的学习成果。

（2）反馈修改，为下一步做准备。

2. 活动流程。

（1）每一位学生将自己写的"对党表白"的话写在纸上，小组成员互相修改。

（2）以小组为单位，组与组之间相互评价并提出修改建议。

（3）请运用"抒情"微写作的相关知识、分级写作标准进行评价。

（4）文字稿修改后，各学生根据自己的特长"向党表白"：或书签制作，或音频朗读。

（5）根据"书签制作"评价表和"音频朗读"评价表，分别进行评价、修改提升。

（二）成果创作与修订

在项目实施过程中，参照项目实施前制定的评价量表，根据自身的实际写作和表白方式，制定项目实施改进表（见表7，表8）。

表7 "向党表白"评价量表

	抒情文字稿	书签制作	音频朗读
评价维度	①语言准确，简明合理，运用抒情手法，突出主题 ②思维敏捷，思路清晰，有一定新意 ③针对具体情境，微写作的呈现形式多样 ④写作样式丰富、语言富有个性化	①书签样式：大方得体，富有个性化，符合"向党表白"红色主题 ②书签内容：包括文字和图画两部分，要求图画为内容服务，整体美观 ③文字书写规范流畅，有一定的艺术感	①仪表形象：服饰大方、自然、得体、举止从容、端正，精神饱满，态度亲切 ②语言表达：吐字清楚、准确，语言生动，语气、语调、声音、节奏富于变化，轻重缓急、抑扬顿挫切合朗读的内容，能准确、恰当的表情达意，舒心悦耳，娓娓动听 ③态势神情：姿态、动作、手势、表情、眼神能准确、鲜明、自然、形象地表达朗读内容和思想感情，渲染气氛，增强表达效果 ④朗诵技巧：朗诵有感染力，声情并茂，朗读富有韵味和表现力，能与听众产生共鸣

表8 "向党表白"改进表

成果中存在的问题	可以改进的具体建议	可以寻求到的帮助
文字稿		
书签制作		
音频朗读		

四、出项

（1）形式：书签制作展示在教室和校园内进行，音频展示合成后网络展示。

（2）邀请人员：来校参观的外宾、师生、评委。

（3）各小组按顺序向参观的人员介绍自己的作品，现场的人员做一定评价。

（4）各小组派代表交流心得。

（5）参与项目的所有同学对项目进行必要的反思。

（6）本次语文项目学习以小组为单位，因此采用学习小组互评的方式，分享、评价不同项目学习成果。评级的标准以互评表为例,从微写作的内容、语言、样式、课堂展示等几个方面,展开多角度、多层次评价。A、B、C、D四个等级的评价体系能够直观反映该组的项目进程与成果水平(见表9、表10、表11)。

表9 "我向党表白·学习抒情"微写作项目学习小组展示互评表

评价项目		评价指标	评价等级				评价结果		
			A	B	C	D	自我	同学	老师
终结性评价	微写作	①语言准确,简明合理,突出主题 ②思维敏捷,思路清晰,有一定新意 ③针对具体情境,微写作的呈现形式多样 ④写作样式丰富、语言富有个性化							
终结性评价	小组合作	①小组成员互相促动,彼此鼓励参与 ②所有的小组成员都参与到工作中 ③项目工作被分解给各项目成员,并完成 ④有效利用成员优势,小组之间合作好							
	过程资料	①微写作文字内容完整 ②微写作修改内容完整							
综合评语									

表10 "我向党表白·学习抒情"微写作书签制作小组展示互评表

评价项目		评价指标	评价等级				评价结果		
			A	B	C	D	自我	同学	老师
终结性评价	课堂展示	①书签样式：大方得体，富有个性化，符合"向党表白"红色主题 ②书签内容：包括文字和图画两部分，要求图画为内容服务，整体美观 ③文字书写规范流畅，有一定的艺术感							
终结性评价	小组合作	①小组成员互相促动，彼此鼓励参与 ②所有的小组成员都参与到工作中 ③项目工作被分解给各项目成员，并完成 ④有效利用成员优势，小组之间合作好							
	过程资料	①微写作文本完整 ②书签制作材料和工具齐备							
综合评语									

表11 "我向党表白·学习抒情"微写作朗读展示小组互评表

评价项目		评价指标	评价等级				评价结果		
			A	B	C	D	自我	同学	老师
终结性评价	课堂展示	①仪表形象：服饰大方、自然、得体、举止从容、端正，精神饱满，态度亲切 ②语言表达：吐字清楚、准确，语言生动，语气、语调、声音、节奏富于变化，轻重缓急、抑扬顿挫切合朗读的内容，能准确、恰当地表情达意，舒心悦耳，娓娓动听 ③态势神情：姿态、动作、手势、表情、眼神能准确、鲜明、自然、形象地表达朗读内容和思想感情，渲染气氛，增强表达效果 ④朗诵技巧：朗诵有感染力，声情并茂，朗读富有韵味和表现力，能与听众产生共鸣							
终结性评价	小组合作	①小组成员互相促动，彼此鼓励参与 ②所有的小组成员都参与到工作中 ③项目工作被分解给各项目成员，并完成 ④有效利用成员优势，小组之间合作好							
	过程资料	①微写作文字内容完整 ②朗读内容设计清楚							
综合评语									

注：评价等级分为A、B、C、D四个等级。各等级指标分别为：A——达成四项指标；B——达成三项指标；C——达成二项指标；D——达成一项指标。

（七）学生反思

邵奕华：这次项目化学习，我不仅学会了如何运用"微写作"的方式进行抒情性表达，还对中国共产党有了更新的认识，心中情愫由此而生。希望这样的学习方式可以多来几次。

章恒：这次特别的学习方式，锻炼了我的多方面能力，学会了抒情，懂得了直接抒情和间接抒情的异同,居然学会了自己制作书签,开心。

陈屹禾:我负责后期音频和视频制作,先收集素材,一个个拍照、录音,同学们都认真准备,用心录制。最后用剪影完成一系列操作,速度快,效果好,同学们也很有成就感。

杨宸:要是我准备再充分一点,写作的时候多种表达方式的综合运用,或许我的"表白"会更"抢耳"。和小组同学一起学习,共同进步,取长补短,很不错哦!

邱圣翔:课堂上感觉还是有点太吵了,有些同学的表达欲望太强了,不太习惯,希望以后会慢慢适应吧。

……

学生成果举隅

(一)微写作(部分)

学生作品1:一百年前,南湖红船上一盏明灯,点燃了中华民族光明的前途,伟大的中国共产党庄严成立!没有中国共产党,就没有新中国。一百年来,中国共产党带领中华儿女开天辟地,踏上革命新征程,谱写中国新篇章,不断实现中华民族的伟大复兴。我辈何其有幸,生于华夏,见证着中国的盛世与繁华。作为一名中学生团员,我更当坚守誓言,鼓足干劲、开拓进取,以饱满的姿态拼搏奋进,以吾辈之青春,护盛世之中华。

——楼吕承宇

学生作品2:在嘉兴南湖的红船上,在刀光剑影的战场上,在白山黑水之间,滚烫的信念在流淌。共产党人高举火把,划破黑暗,迎来曙光。一百年来,不断抗争,不断拼搏,不断书写中国新篇章。而今举国上下红旗飘飘,我们站起来、富起来、必然要强起来。我们全面建成小康,在脱贫攻坚战里赢得漂漂亮亮。我们的航天、铁路、潜艇一次又一次地让世人惊叹,我们飞速控制了新冠肺炎疫情创造了一个又一个奇迹。共产党领导下的中国,河山锦绣国泰民安,亲爱的党啊,您看,一百年来,人民有信仰,民族有希望,国家有力量!

——林邑琛

学生作品3：一百年的发展历程，一代代人紧紧凝聚在党旗下，前仆后继，英勇奋斗，用使命镌刻忠诚，以满腔热忱和无畏情怀，兑现了对党、对人民的庄严承诺。一百年的艰苦岁月，一代代人的赤胆忠诚，只为中华大地千千万万的华夏儿女，书写一段段气盖河山的壮举。作为新时代的青少年，应当从中汲取榜样的力量，培育爱党爱国情怀，树立坚定的共产主义信念，自觉地把先辈的红色基因传承下去，为祖国的繁荣昌盛不懈努力。

——商訾慧

学生作品4：2021年7月1日，这个特殊的日子，是伟大中国共产党的百年之诞。历经枪林弹雨，千辛万苦，歧路坎坷，中华民族终于从站起来、富起来到强起来。身为青少年的我们，虽没有"黄沙百战穿金甲，不破楼兰终不还"的壮志豪情，也没有"人生自古谁无死，留取丹心照汗青"的精忠报国，但我们应该有的是"天行健，君子以自强不息"的刚毅理想，是"黑发不知勤学早，白首方悔读书迟"的崇高觉悟。新时代，忠于初心，砥砺前行。伟大的中国共产党万岁！

——陈逸乐

学生作品5：

百年前，

南湖红船上一盏明灯，

点燃了中华民族光明的前途！

百年前，

一个伟大的政党庄严宣告成立！

开天辟地，踏上革命新征程，

筚路蓝缕，谱写中国新篇章。

百年历史，风雨兼程，

不忘初心，牢记使命。

看今朝，

迈出新步伐，

启航新征程，

肩负新使命,

传承红精神。

——程宇轩

(二)书签制作与成果展示:(扫一扫二维码)

(三)音频朗诵成果展示:(扫一扫二维码)

1. 学生作品之朗读设计一:

党啊,您听我说	朗读脚本设计:
从嘉兴南湖的一艘红船 到改革开放的千里璀璨 从井冈山上的几队人马 到全国九千多万人的队伍壮大	前四句话要读得稍慢,读出历史的厚重感,给人一种娓娓道来的感觉。
一百年,您越过激流险滩,攀过陡崖峭壁 祖国大地到处是您永不磨灭的印记	后两句应语气扬起,引出下文具体内容。
八一南昌一声炮响 您整顿旗鼓,步履铿锵 十一北京冉冉升起	前四句对仗工整,要读得饱满,富有激情,读出音韵感和韵律感,有昂扬进取的姿态。

续 表

您满怀希望，迈向光明 从瑞金到遵义，从延安到北京 您踏遍河山，深入民心	
脱贫攻坚国人梦想 小康社会今朝实现 浩瀚宇宙一叶神州 漫步太空世人称奇 您锤炼政治品格 构建精神谱系 为人民服务 领全球科技	这一段时间来到当下，"梦想"和"实现"要突出重读，形成对比。 后两句要有自豪、赞美之情。
一方砚台书尽古今 孔儒老道众口皆吟 墨色里流淌着您书香的底蕴 诗词间道下了您光辉的往昔 您历经沧桑与坎坷 仍血脉延续，历久弥新	这一段要读得深沉，富有文化气息，可适当减缓语速。
党啊，我欣赏您一往无前的奋进姿态 沐浴您照耀四方的伟大光辉 弄潮儿向潮头立 心中有党信长青 百年大党， 永远年轻！	最后一段用情最深，读出对党的热爱与赞美，要激情澎湃，豪情万丈，表达出心中对党的美好祝愿与期许。

2. 学生作品之朗读设计二：

门前天安 ——致建党100周年	朗读脚本设计：
一条长龙 横跨珠海，连接的不只是千万同胞， 万里轨道铺成国网，书写的不只是中国速度。 我们站在门前，抬头望天， 沐浴着温暖的阳光，歌颂伟大的共产党。 在百年之前，在租界，在南湖的一叶小舟上有13位代表出席了一次会议。 那是一群怎样的人呢？ "他们在纷飞的战火中擦干泪水， 在不断地抗争和探索中觉醒！" 推翻资产阶级政权，建立无产阶级专政， 雄才伟略石破天惊，远见卓识泣鬼神—— "这是开天辟地的大事， 中国革命面貌从此焕然一新！" 五年，领导罢工，国共合作，建立革命战线； 十年，八一枪响，土地革命，遵义永放光芒； 十五年，统一战线，百团大战，他们解放全国！ "革命道路千万里，他们大步前进不停息！" 五年计划，改革开放，全民脱贫，新时代特色社会主义。 共产党的好处说不尽， "我把党来比母亲！" 门前，体会到的是老一辈革命家，	前四句描写的是对中国现状的思考与由心而发的自豪之情，前两句中两个"不只是"应读的铿锵有力，后两句应读得悠然，是陷入回忆的感觉。 后文是对建党以来历史的回忆，这是建党以来发生的桩桩件件的大事，有历史的沧桑感与一步步走向胜利的逐渐激昂的语气。尤其是四个感叹句，应再次加重语气。 最后几句话是对于过去、现在与未来的思考，是对共产党的赞颂，是对党的无限信任。"我把党来比母亲"一句虽直白，却也是最真性情，最能

续表

用鲜血和汗水换取的小康生活。 是风栉雨沐中， 从黑暗走出的火把； 是乌云压城时，奋不顾身地长枪。 铭记历史， 展望未来， 明天会更加精彩， 唯愿门前天安。	体现百姓内心写照的一句。 表达出心中对党的美好祝愿与期许。

项目成效与反思

项目化学习（PBL）理论认为："经过高度精练的驱动问题能够激发学生兴趣，引导学生对真实且重要的专题进行深入探究。"本项目通过真实的情境，设计了"如何通过微写作向党的生日献礼？"这一驱动性任务，在学习活动中运用知识解决实际生活的问题，贴合生活实际，让学生有切身的感受，学生也容易产生情感共鸣。

（一）基于项目学习的写作课堂设计思路，追求优质课堂体系

"我向党表白·学习抒情"项目学习以语文学科为重要载体，聚焦语文学科的知识和能力。项目学习实践中，提倡学生走出课堂，以校园文化活动平台为基础，将写作教学融入文化活动中，让学生在活动中轻松学习与创作。具体实践时，将活动管理转化为一个个项目"承包"出去，"项目负责人"发挥能动作用，在项目管理中可控、可预见，让参与者实现一个个项目活动的有效目标，强调写作环节的明确化、具体化和可视化，让写作教学以"准备-实施-评价-展示"的环节为基础，将写作理念、写作流程合理融入其中，使写作教学灵活地进行下去。学生紧扣"向党表白"的主题，基于真实生活激发联想、自主选取素材，充分发挥学生的主体性、能动性，师生结合实际教学资源和项目实施（前期、中期、后期）的情况，共同搭建项目评价框架并进行及时的反馈与修改。

整个写作教学环节，构建了合理的活动序列目标，又凸显了语文性。为师生提供有序的写作方式指导，使其有"法"可循、有"规"可依。

（二）基于项目学习的课堂实践，培养高阶思维

学习活动是知识的学习、理解、吸收以至融会贯通的过程，能力和素养只有在相应的活动中才能形成和发展。此次项目化实践，以校园文化活动为基础，项目化教学为主体，在教学中融入多种多样的文化活动，形成了学习和教育一体的教育模式。不仅让学生在真实的学习活动中有效掌握了与抒情有关的知识与技能，明白了直接抒情与间接抒情的异同，找到了抒情性写作的抓手；还通过书签制作、音频朗读等方式转化成果，紧扣教材，着力围绕学生的核心素养，培养学生的写作能力和表达冲动，让每个参与的学生都能感受到自身的价值。该项目真正实现了实践与理论融会贯通，使学生切实地掌握写作知识，提高了写作能力。

（三）构筑多元评价新机制

《义务教育语文课程标准（2011年版）》中，提出"语文课程的评价建议，要发挥评价的多种功能，要运用多种评价方法，坚持多元的评价主体，突出评价的整体性和综合性。"在项目化学习过程中，由于涉及的知识和能力比较丰富、设计多种任务活动和实践探究等因素，教师对学生的学习结果以及学习表现的关注尤其重要。

在本项目实施过程中，时刻贯彻"教学评价多元化"的理念，重视写作成果评价对于写作教学的促进作用，强调写作成果的多元化评价和多方面展示。

项目评价环节，结合时代特征进行多元评价和多主体评价，既有文字内容的评价、音频朗读的评价，也有书签制作的评价；同时，师生评价、生生评价、小组互评等多主体评价并举。与此同时，把写作过程中的思维能力、实践能力、合作能力等也看作是学生的写作成果，而不仅仅将写作成果局限于最后的成文。项目展示阶段，让学生动手参与书签的制作、音频的录制，符合素质教育要求，有利于促进学生的全面发展。

在整个学习过程中，每一位学生都能参与其中，感受成长的快乐与收获

的喜悦，锻炼了学生主动学习的能力、解决实际问题的能力，以及亲自动手的能力，真正做到学生是学的主体，让学习真实发生。

参考文献

巴克教育研究所，2008.项目学习教师指南：21世纪的中学教学法[M].任伟，译，北京：教育科学出版社.

苏西博斯，简克劳斯，2020.PBL项目制学习：智能时代项目制学习权威实战指南[M].来赟，译，北京：中国纺织出版社.

夏雪梅，2021.项目化学习设计：学习素养视角下的国际与本土实践[M].北京：教育科学出版社.

⑧ "十佳歌手·短视频脚本写作"项目化学习案例

裴立渤

✏️ 项目名称

"十佳歌手·短视频脚本写作"项目化学习

📖 项目简述

初中阶段语文写作学习中，功能性写作理念强调教学情境、教学元素、教学支架。这样的写作学习情境有明确的目的指向，有助于迅速激发学习创作、写作的欲望，调动学生的创作、写作的积极性，克服传统作文学习缺乏趣味性的弊端。本项目基于部编教材七年级下作文单元"语言简明"，结合校园"十佳歌手"比赛，用"短视频脚本撰写并拍摄短视频"落实完成写作任务，用"703班陈哲安同学入围十佳歌手决赛，请在赛前为他拍摄一段视频，为他加油拉票"为驱动问题，培养观察能力与想象力，让学生在活动中逐渐提高写作兴趣，引发学生对校园活动的热爱。项目涉及语文、信息技术等学科，项目计划一周完成，在七年级学生中实施。

驱动性问题

如何为"十佳歌手"决赛入围选手撰写加油视频脚本并拍摄短视频?

核心概念

基于不同的表达目的,面向多元化的受众群体,利用信息技术与网络,借助新媒体平台——短视频,探索功能性文体的撰写方法。

学习目标

1. 了解并掌握功能性文体中语言简明的基本要求,在创作过程中,体会"简明"的内涵,掌握短视频脚本的写法和技巧;

2. 明确脚本的制作方法及规范流程——镜头、景别、内容、台词、时长、运镜、道具;

3. 小组合作探究、表达与交流,提高发现问题、解决问题的能力,培养自我的表达与创造能力;

4. 学会知识迁移,反思学习成果,修改习作,使其更加准确鲜明,培养良好的写作习惯。

项目实施过程

一、入项

（一）情境驱动

2021年5月13日，我校将举行体艺节之"十佳歌手大赛"，703班陈哲安同学"杀出重围"入围决赛，作为他的同学，请为他拍摄一个60秒的宣传短视频，为他拉票。你作为班级一员，请和同学一起撰写脚本、拍摄视频，争取班级的参赛选手获得最佳人气奖。

（二）项目介绍与任务分解

通过教师引导、小组讨论，在课堂上得出项目成果形式——"抖音短视频"。明确短视频拍摄前，短视频脚本是短视频拍摄的依据。短视频脚本写作中要求的语言简洁、条理清晰、传递尽可能多的信息，与七下第六单元写作"语言简明"的教学目标相吻合。需要学生们以小组为单位，通过合作学习、思考、钻研、探究，完成短视频脚本创作，并完成相应短视频拍摄。

1. 填写KWL表（见表1）。

表1 KWL表

关于"如何完成短视频脚本写作"我已知	关于"如何完成短视频脚本写作"我想知道	关于"如何完成短视频脚本写作"我应当进一步学习

请学生填写短视频脚本编写已知的内容，想要知道的部分，在小组内分享，形成小组共同的问题清单，探究应当进一步学习的内容。

2. 基础测试。

问题设置：作为短视频拍摄的导演，请组织团队讨论商议短视频中最能够展现人物精神的片段，探讨人物描写的方法，写一份200字左右的解说词，说明自己的设计理念。

问题：

要展现参赛选手怎样的品质？

入围决赛后的心情如何？人物的语言和动作如何？

选取了哪些场景？选取怎样的背景音乐？特点是什么？

从其他已有的短视频中学到了什么？

通过这一环节的设置，教师可以获取学生对该项目的熟悉程度，初步把握在活动中不同的学生的作用，以便更快地提高学生的参与感，调动学生的积极性。

3. 出示项目学习技能一览表（见表2）。

表2 项目学习技能一览表

沟通	科技应用	团队合作	设计
规划：小组合作，制定脚本写作、台词写作、短视频拍摄任务规划	—	创建小组，分配任务	制定项目计划
记录与采访：根据人物宣传的维度，制定任务采访计划	录音、录像设备的使用	沟通合作，完成任务	分解项目计划，做好前期准备
写作：明确短视频脚本写作要求，立足语文教材"语言简明"的要素语言简洁、明白、通俗易懂	—	沟通合作，完成任务	探究写作要素，修改完成写作任务
创作：小组合作学习，构思、修改、完成短视频脚本创作	WPS等办公软件的使用	解决冲突，达成一致目标	利用资源与评价量表，完成任务
拍摄：根据已撰写的短视频脚本，完成抖音短视频的拍摄，并发布	"抖音短视频"剪辑频软件的使用	完善成果，小组展示	多媒体介入

由此明确该项目中所涉及的环节与任务，教师与学生形成较为统一的认识，充分调动学生的积极性。让学生在不同的环节都能够充分地融入，积极参与，在项目活动中发挥自己的价值。如采访环节中，列出采访提纲，围绕"得知入围决赛后你的心情怎样？""你在比赛之前做了哪些准备？"这两个主题，尝试着采访"十佳歌手"入围决赛的选手。准备"你眼中的陈同学是怎样的学生？"这个问题，尝试着采访班级其他同学。

4. 梳理"语言简明"章节写作中知识要点，了解语言简明的基本要求，体会"简明"的内涵，掌握语言简明的方法技巧。

5. 教师及组长下发全体组员学习资料、提交学习材料的要求。

（三）项目实施进程计划

全班共同商议，根据项目推进情况和小组不同的时间节点的推测，制定小组项目活动进程表（见表3）。

表3 小组项目活动进程表

时间	任务	负责人	完成状况
5月1—5日	确定分工名单	组长、教师	
5月6—8日	完成脚本初稿	组长	
5月8—10日	完成脚本品鉴，完成改稿	组长	
5月10—13日	公开小组脚本创作，召开品鉴会	组长、教师	
5月13—15日	完成抖音短视频拍摄	组长	

（四）项目成果评价

评价先行，共同制定，组织全班学生商议、讨论、修改，确定一份最终的评分表格（见表4）。

二、知识与技能构建

项目写作课堂——语言简明

（一）学习目标：

1. 掌握语言简明的基本要求，通过比较阅读，体会"简明"的内涵；

表4 项目成果评价表

小组成员：					
被评价者：					
评价维度	脚本的内容（30分）	脚本的结构（20分）	脚本的语言（20分）	脚本的亮点（20分）	表达的体态（20分）
评价要素	内容充实情感真挚	条理清晰详略得当	语言流畅生动形象	选材新颖设置悬念	落落大方仪表自然
第一组					
第二组					
第三组					
第四组					
第五组					
第六组					
教师评价					

注：评价等级分A（优秀）、B（良好）、C（合格）、D（不合格）四级。

2. 概括总结阅读和写作经验，掌握语言简明的方法技巧，完成短视频脚本；

3. 通过修改习作和学习活动，养成良好的写作习惯。

（二）教学重难点：

通过小组合作学习，探究"简明"的内涵，完成脚本创作。

（三）教学过程：

1. 例文导入，指向目标。

PPT出示以下文段：

市舟山群岛地处我国东部南北要道，岛屿像星星、棋子一样分布着，数也数不清，港口众多，风光旖旎，具有发展经济的独特而有利的自然条件的优势。但是长期以来，因为陆路交通不便，地理优势难以转化成经济优势，面对浩浩荡荡的浙江经济潮，舟山落后了。如今连做梦都在寻求的连岛大桥已经开始兴建，"天堑变通途"不再是遥不可及的梦想，舟山经济的腾飞指日可待,百万市民无不心情愉快,精神振奋。

——《义务教育教科书教师教学用书·语文七年级下册》

请学生认真阅读文本,谈谈你读后的感受?

明确:删繁就简,将文段中的一些短语、句子简化成成语,会更恰当。

改后:市舟山群岛地处我国东部南北要道,岛屿星罗棋布,数也数不清,港口众多,风光旖旎,具有得天独厚的优势。但是长期以来,因为陆路交通不便,地理优势难以转化成经济优势,面对浩浩荡荡的浙江经济潮,舟山落后了。如今梦寐以求的连岛大桥已经开始兴建,"天堑变通途"不再是遥不可及的梦想,舟山经济的腾飞指日可待,百万市民无不欢欣鼓舞。

——《义务教育教科书教师教学用书·语文七年级下册》

总结:选择合适的表达形式,使语言达到简明。

2. **创设情境,兴趣激发。**

活动一:703班陈同学入围了校十佳歌手比赛决赛,作为他的同学,你有什么话想对他说?

播放陈同学在"十佳歌手比赛"初赛时的表演视频,引发作为班级同学的幸福感和自豪感,激发学生畅所欲言。

学生案例:

陈哲安同学平时上课表现很好,听课很认真,下课时他也认真练习,对待唱歌他能够做到一点也不马虎。同时,陈哲安同学对身边的人都很友善,我们都很喜欢他,希望他能够在这次比赛中不辜负同学们对他的期望,在比赛中能不断地突破困难,发挥出最好的水平。

——703班 吴翌凡

陈哲安,你平时是那么活泼开朗,对同学非常热心,你每天早晚都抓紧时间练习,从来不放松自己,教室里、走廊里、寝室里都有你唱歌的身影和声音,我相信你只要不紧张,一定可以做到最好。

——703班 王一

3. **进阶推敲,斟酌修改。**

活动二:小组为单位,根据挑选出来的吴、王两位同学的"陈哲安,我想对你说"进行简化修改。

理论支撑：

"语言简明"的含义：简，即简要、简洁；明，即明白、清楚。

"语言简明"的基本要求：1. 语言表达要明白易懂。要做到词语选择能让人明白易懂，必须注意避免用冷僻的词语，避免用已经"死去"的词语，避免滥用外来词语与方言词语。2. 语言表达要准确、规范。使用词语要准确、规范，为的是不生误解，不生歧义。这就要求把语言中许多近义词之间的细微差别分辨清楚，按照词语约定俗成的用法来运用，总之要让别人能准确地理解自己表达的意思。

——《义务教育教科书教师教学用书·语文七年级下册》

斟酌思考：在规定的较短的时间内，要给同学送上祝福寄语，你认为这样的语言文字应具备怎样的要素？

得出结论：规范用语，减少口语；简洁明了，不含糊其词；突出重点，围绕中心；避免重复，删去多余。

思考练习：用简明的语言概括七年级下第六单元课文《带上她的眼睛》，小组合作，讨论互评，每个组派一名代表进行展示。

互动修改，文段"瘦身"：根据"语言简明"相关知识将"活动一"所写文本进行修改。

陈哲安同学平时上课勇于表达，积极发言。课后他认真学习，勤于思考，对待唱歌一丝不苟。同时，他与人为善，热情开朗，是班里的"开心果"，我们都很喜欢他。希望他能够在这次比赛中不负众望，在比赛中能杀出重围，勇争第一。

——703班 吴翌凡

陈哲安，你平时活泼开朗、真诚待人、热情阳光。你每天早晚都不曾懈怠，随处可见你练习唱歌的身影，我相信你只要不紧张，一定可以勇攀高峰。

——703班 王一

4. 脚本写作，提供支架。

活动三：我们班陈同学入围了校十佳歌手比赛决赛，作为他的同学，请为他拍摄一个60秒的宣传短视频，为他拉票。现在成立班级宣传小组，你将如何拍摄入围选手的个人宣传视频，争取班级的参赛选手获得最佳人气奖。

讨论：拍摄视频前应准备什么？

明确：准备视频拍摄脚本。

出示脚本定义：

脚本是我们拍摄视频的依据，脚本的创作是为了提前统筹安排好每个人每一步所要做、该做、怎么做的事情，它是为效率和结果服务的。一切参与视频拍摄、剪辑的人员，包括摄影师、演员、服化道准备、剪辑师等，他们的一切行为和动作都要服从于脚本。短视频脚本模板什么时间、地点、画面中出现什么，镜头应该怎么运用，景别是什么样的，服化道的准备，都是根据脚本来创作的。

（来源：微信公众号"新闻与写作"）

教师出示小组脚本模板表（见表5）：

表5　脚本模板表

标题：						
小组名称：　　　　小组成员：						
镜号	拍摄手法	时长	画面	台词解说	背景音乐	备注

活动四：以小组为单位，完成短视频脚本表格并落实"语言简明"的写作

任务要求。

5. 师生探讨，制定写作评价量表（见表6）。

表6　写作评价量表

小组名称：		小组成员：		
写作任务	评价要素	评价要点	分值	得分
语言简明——短视频脚本写作	语言简练度	紧紧围绕主题中心写台词，不啰唆，不拖沓	10分	
	文字凝练度	抓住特征描写画面，言简意赅，避免词不达意	10分	
	选材创新度	选取独特的画面，构思清晰、新颖	10分	
	文画匹配度	脚本画面、台词解说、背景音乐匹配度高，衔接顺畅，过渡自然	10分	
	小组合作度	小组成员参与度高，配合默契，能够合理解决突发问题	10分	

三、批判性反馈与修改

教师和学生根据项目活动在推进中的各个环节情况，制定、修改、完成该项目化学习活动个人评价单及小组评价单（见表7、表8）。

表7　"短视频脚本写作"项目化学习个人评价单

能力要素	标准	3分	2分	1分	评价与反馈
团队合作（30%）	1. 认真、及时完成项目学习中的个人任务				
	2. 积极配合、参与小组成员完成任务				
	3. 参与小组任务过程中的全部任务，不缺席、不早退				

续表

能力要素	标准	3分	2分	1分	评价与反馈
写作素养（40%）	1. 围绕中心，突出重点				
	2. 言之有物，要素齐全				
	3. 善于概括，总结归纳				
	4. 言简意赅，语义流畅				
思维能力（30%）	1. 及时、迅速掌握脚本写作方法及技巧				
	2. 积极参与短视频后期场景、道具的制作				
	3. 较熟练地掌握短视频拍摄方法及视频剪辑、制作的方法				

分数等级：高于标准（3分），达到标准（2分），接近标准（1分）

表8 "短视频脚本写作"项目化学习小组评价单

内容	具体要求	自评分	组评分	总分	意见与建议
脚本画面描写（30分）	1. 语言清晰、明白				
	2. 围绕中心，突出重点				
	3. 避免重复，在修改中删去多余				
脚本台词解说（30分）	1. 善于概括，巧用指代				
	2. 语句通顺，概括性强				
	3. 语言优美，表述得体				
脚本背景音乐选择（10分）	符合视频脚本主人公的经历与材料主要内容				
短视频画面美感（10分）	美观大方，赏心悦目，吸引观赏者的兴趣				
短视频配乐及旁白（10分）	普通话标准，富有感情				
短视频创新性（10分）	角度新颖，主题积极阳光向上，符合校园生活特色				

在此基础上进一步优化成果，明确什么是适合拍摄的优质短视频演出脚本，选择最优视频脚本进行拍摄创作。

四、出项

（一）成果展示

在本项目化学习活动尾声时，教师及各小组主要负责人组织举行一次短视频脚本评选大会，邀请本年级任课教师、家长和其他年级感兴趣的同学、老师及学校领导参加。届时每组人员都需要呈现各自承担的短视频脚本的手写或打印版本，并进行口头汇报（配演示文稿）或视频播放，最终通过评价量规产生各具特色的个人奖项及团体奖项。

（二）学生心得

"陈哲安同学入围十佳歌手决赛了！"

作为他的同学，作为他的好友，当我得知这个消息时，内心是无比喜悦的。想着以什么样的方式为他拉票，但一个人的力量太渺小了。令人兴奋的是，裘老师在语文课堂上为我们创造了这个机会。

当我刚刚接触到"脚本"这个词汇的时候，觉得实在是太高深了，这是一个不可能完成的任务。就在此时，裘老师以文本和视频为例，为我们讲解了脚本的含义、用途以及写作方法，我们全组成员顿时"拨开云雾见月明"，快速地确定了脚本主题，完成脚本创作表格。正当我们组沾沾自喜的时候，裘老师召开了"脚本品鉴会"，不同组互相观摩作品，提出修改意见，这时我们才意识到，原来我们的视频脚本还存在很多问题。

"别灰心。"

老师在这个关口又给了我们极大的帮助，通过"语言简明"作文指导课的学习，我们找到了脚本创作中最大的不足，在"画面""台词"这两个部分，我们的语言不够简洁大方，过于冗长、啰唆。鉴于此种情况，小组全体成员召开了内部会议，一次次锤炼脚本的语言，多次向裘老师寻求建议，在这个过程中，大家都充满兴趣，丝毫没有懈怠。通过反复学习、修改，我们明白了脚本的语言要概括性强，用词准确、鲜明，这样才能吸引读者和观众，相信大家以后的写作中也会努力做到语言简明。

当我们的脚本被评为优秀作品时，全组成员都开心极了。我们的短视频作品被很多人观看，爸爸妈妈也为我们的创意点赞。当然啦，陈哲安同学在"十佳歌手"比赛中获得了一等奖，他说成绩的取得是因为同学们共同的努力，顿时觉得自己付出的汗水很值得。通过这次活动，我对写作的兴趣大大提高，同时，我也更加热爱丰富多彩的校园生活了！

——吕晨瑞

在这次脚本写作的学习中，同学们都收获颇丰。曾经我以为，拍短视频只是打开手机、打开剪辑软件，随随便便就可以完成一个不错的作品，但通过这次学习，我知道了拍摄优质视频之前，需要做大量的文字工作，那就是要先构思，完成视频脚本的创作。原来，写作文不仅仅是我们学生时代语文学科学习的一个环节，未来的生活中，还有很多场合需要啊！裘老师告诉我们，这就叫"功能性文体"，它是服务于生活、有特定功能指向的。非常期待在未来的语文学习中，我们会接触到更多的功能性文体。同时，在这次学习中，我们知道了什么是台词、什么是镜头，也学会了语言表达要简明。最后，我们看到自己的作品以视频的形式呈现，真是太开心了。

曾经我排斥写作，认为写作文就是单调的、无趣的，通过这次的学习，大大地提高了我对写作的兴趣，生活处处有作文，我以后会认真思考、勤于创作！

——刘圣娜

学生成果举隅

学生在项目化学习之后，通过小组合作学习、探究，经过成果展示小组互评、修改，完成短视频脚本创作，并推选最佳小组进行短视频拍摄。

(一)优秀脚本分享。

案例见表9、表10。

表9 学生成果一

标题:至诚·至成						
小组名称:披荆斩棘组　　小组成员:吕晨瑞、杜柏霖、马一铭、王礼睿、任轶						
镜号	拍摄手法	时长	画面	台词解说	背景音乐	备注
1	近景	3S	陈同学在教室中刻苦读书,上课积极回答问题	这是陈同学,703班同学们眼中的一道光芒	《南泥湾》	展现人物的优秀学习品质
2	中景	7S	陈同学在春游的路上带领全班同学唱歌,全班沉浸在欢乐的海洋中	或许,此时此刻,歌曲便是他的化身,歌便是他,他便是歌	《南泥湾》	体现他的自信
3	近景	3S	在"十佳歌手"比赛中,踊跃报名	自信的力量,让他如此渴望这一方舞台	音乐渐轻	表现人物在活动中的积极踊跃
4	中景	10S	陈同学在课间活动时练习歌曲	合抱之木,生于毫末;九层之台,起于累土	音乐转停	展现人物歌唱实力和他的辛勤付出
5	远景	3S	决赛现场,台下的荧光棒	点点星火,汇成星河我们从未失望过	《南泥湾》	烘托比赛紧张的氛围
6	中景	3S	陈同学表演时的片段,台下一片欢呼	他如愿以偿,因为"至诚",所以"至成"	音乐停	点题,展现人物精神
7	近景	10S	陈同学手持鲜花,看着台下的观众,班级同学和他互动	真正的演出无须过多赘述,欣赏属于观众,属于你	《相亲相爱一家人》	体现出团结向上的初中生良好风貌
8	中景	6S	陈同学的背影,手持奖杯	自信与倾听如同方程的两个解,怎样了解,判别方式在每个人自己心中,这样就好找到成长的答案	画外音	点明主题,升华主题

表10 学生成果二

标题：光芒万丈的你						
小组名称：玉树临风组　　小组成员：吴翌凡、叶哲修、于慧仪、应明轩、王一						
镜号	拍摄手法	时长	画面	台词解说	背景音乐	备注
1	近景	5S	陈哲安同学在教室里与同学们一起朗读课文	画外音"陈哲安同学入围十佳歌手决赛了""让我们一起为他加油吧"	画外音	呼应本次视频的情境：为入围十佳歌手比赛决赛选手拍摄视频
2	中景	10S	同桌王一对陈哲安同学的评价及鼓励	陈哲安同学活泼好动，对待老师热情开朗，如今临近十佳歌手比赛了，预祝你能将你的"一身正气"洒向舞台的每一个角落	活泼、轻快的纯音乐	用"活泼好动""一身正气"等词汇概括评价陈哲安同学的性格特征
3	近景	8S	好友吴世彤送给陈哲安的寄语	陈哲安活泼开朗，平时在下课也能听到他欢乐的歌声，偶尔走进空无一人的教室，也能看到他在角落里独自练歌的身影，希望他能在舞台上绽放光彩		"空无一人"表现陈哲安同学练习的认真、勤奋，"绽放光彩"表现对他的期许
4	近景	10S	班级同学用成语为陈哲安同学加油打气	披荆斩棘 乘风破浪 旗开得胜 马到成功 一举夺魁 勇夺桂冠		用简洁的语言为比赛选手送上祝福
5	远景	5S	全班同学一起齐声呼喊："祝你在十佳歌手比赛中勇争第一，陈哲安加油！"	祝你在十佳歌手比赛中勇争第一，陈哲安加油！		增强士气，展现团结、向上的班级风貌

（二）抖音短视频成果分享

"抖音"扫码观看《加油，陈哲安！》

项目成效与反思

在上述的"短视频脚本写作"教学设计案例中，主要运用项目化学习的方式完成七年级下"语言简明"单元作文教学。整个教学活动中坚持以"学"为中心，以"合作、自主、高效"为主要目标，学生是该项目化学习活动的主体，整个实践过程中坚持在理论学习的基础上去发掘、探究，完成从课堂到课下的学习活动，打破了作文学习时空的限制，教师是学习活动中的参与者也是引导者，在过程中为学生答疑解惑、穿针引线，做好项目化学习的构建。

在该写作项目化学习的课堂教学中，教师通过导向问题的构建，打破了语文教学传统意义上的课堂教授模式，知识的传播不仅仅局限于课堂上的提问与回答之间，完成了语文、写作、语言在真实情境中的运用。同时，初中短视频脚本写作项目化学习能够落实语文核心素养，小组讨论和拟写视频脚本等环节的活动以语言运用为中心，根据校园十佳歌手活动主题进行素材的分类、挑选、整合、编辑，从多个维度多个方面挖掘、展现并阐释对"十佳歌手"这一荣誉所应具备的优秀品质的理解，以及将片段人物写作转化为短视频拍摄脚本等，这个过程需要跨学科的知识要点，以及比较有难度的思维活动，这一过程进一步拓宽了七年级学生的知识储备和思想深度。除此之外，短视频脚本是服务于短视频拍摄的，场景的选择、出场人物的造型、背景画外音、背景音乐的选择，都是艺术审美鉴赏和创造，从而提高学生的审美鉴赏和感悟能力。项目化学习主题是立足于校园、延伸于校园，直接指向"十佳歌手大赛""宣传小组"的经典校园活动和校园文化，通过身边事、携手身边人完成写作学习活动，从而唤醒学生对校园生活的热爱，提高了学生在校园生活的参与感，为学生美好的青春生活留下浓墨重彩的一笔。

在《语言简明》作文单元教学过程中，教师结合范文，总结写作技法，进而活学活用，指导学生修改自己的作文，教学活动中调动学生积极参与，想方设法地让学生主动探寻，最后归纳、点拨。在写作评议活动中，教师依托评价量表，评价学生例文，避免了学生纠缠于病句错字等常规思路，直接将研讨的焦点聚拢于问题关键之处。但在学习过程中，仍有个别代替小组的情况存在，由于写作基础的参差以及写作兴趣的不同，个别组员在小组学习中没有及时跟进，没有全部成员共同参与到创作中，通过个别引导、组员带动，这种情况在后续的学习中有较大的改观。

综上所述，该项目化学习活动目标较为明确，直指七年级人物写作，贯彻落实了语文学科读、写、演、赏的目标，完成了语文学科学习知识、培养能力、健全情感态度价值观的任务，实现了语文核心素养的培养，与此同时，多媒体的加入也实现了语文教学跨学科的交流。对于七年级下《语言简明》的写作教学来说，该短视频脚本创新了写作形式，生动有趣且实用，适用于日常生活，不把知识拘泥于课堂中和校园里，学生未来的学习生活中也会对此进行操作和运用。该项目既打破了写作教学的常规，又立足于课堂。语文课堂不仅仅是知识传递的场所，也是碰撞火花的天地，更是成果展示的舞台，让写作教学、语文教学充满了更多元化的可能性。

参考文献

课程教材研究所,2012.义务教育课程标准实验教科书语文七年级下册教师教学用书[M].北京：人民教育出版社.

李宏发,2020.项目学习:文学类文本群文阅读教学落实核心素养的新路径——以古典诗歌《杜甫诗五首》教学为例[J].语文教学通讯(32):8-11.

任伟,2008.项目学习教师指南[M].北京:教育科学出版社.

夏雪梅,2018.项目化学习设计:学习素养视角下的国际与本土实践[M].北京:教育科学出版社.

❾ "运动会·新闻写作"项目化学习案例

麻林苑

✏ 项目名称

"运动会·新闻写作"项目化学习

📖 项目简述

本次语文项目学习以校园活动中的运动会为背景,紧扣部编八上语文课本第一单元"新闻"写作内容,在金华市外国语学校初中部八年级进行项目化写作实践。学习过程为一周,项目负责人进行设计,任课教师负责实施。

❓ 驱动性问题

如何根据所学知识,结合采访、精彩瞬间、人物事迹,或真实感悟写成新闻稿,向我校校报进行投稿?

🔍 核心概念

通过采访实践，进行重依据、负责任的公共写作。

📖 学习目标

1. 了解运动会的特点，能够观察、捕捉运动会会场上值得记录的精彩瞬间；

2. 在掌握新闻知识的基础上，学习新闻的写作方法，提高写作新闻的能力；

3. 小组合作交流展示，提高学生对生活的感知能力，培养语言表达能力和创新能力，推动思维发展；

4. 激发学生的合作意识，提高学生的参与感、集体荣誉感与对校园活动的热情。

项目实施过程

一、入项活动

（一）情境驱动

根据本项目的主题和目标，问题情境呈现如下：

运动会期间，金外校报拟推出一版运动会专栏，以展现我校运动会的精彩瞬间与运动员们的精神风貌，特向各位同学征稿。

教师提问：你希望在校报上看到哪些内容？

该情境的设计旨在引导学生留心观察本校运动会的精彩瞬间，与他人分享，调动积极性与主动性。同时该情境有真实的写作目的与写作对象，能够让学生有针对性地分析问题和解决问题。

同时，教师明确驱动任务：

如何根据所学知识，结合你进行的采访、观察到的精彩瞬间以及人物事迹，或你自身的真实感悟写成新闻稿，向我校校报进行投稿。

此时下发KWL量表（见表1），了解学生想要学到的内容。

表1　KWL表

K.我知道什么？	W.我想学什么？	L.我已经学会了什么？

（二）任务分解（见表2）

表2　驱动问题分解表

子任务	解决方式
新闻是什么	学习新闻体裁等相关知识
撰写新闻稿	设计方案
	学习采访

(三)项目实施进程计划

以上驱动任务需要以学习小组合作的形式来完成,分为组建团队、收集资料、初期讨论、方案设计、构建框架、制作完成、展示评价几个部分。

基于上述情境与驱动任务,该项目过程阶段表(见表3)可设计如下:

表3 项目过程阶段表

项目阶段	阶段任务	阶段成果	完成时间	完成度自评
第一阶段	阅读报纸了解新闻的样式与特点	新闻体裁分析表	1课时	
第二阶段	提供支架:掌握新闻知识	新闻体裁评价表	2课时	
第三阶段	进行新闻采访	采访提纲、采访视频	1课时	
第四阶段	根据评价量表完成任务	新闻稿、精彩照片	1课时	
第五阶段	小组成果展示评比	课堂展示,投票评比	1课时	

(四)项目成果评价

与学生共同制定项目成果评价表(见表4),讨论设计如下:

表4 "运动会新闻写作"项目化学习小组展示互评表

小组名称:	组员:	
内容	要求	等第
新闻体裁评价	1. 抓住特点;2. 客观性;3. 个性化;4. 角度多	
标题	1. 准确;2. 重点突出;3. 简洁醒目;4. 有创意,吸人眼球	
导语	1. 简要;2. 内容详尽;3. 重点突出;4. 有特点	
语言	1. 准确性;2. 客观性;3. 生动性(特写);4. 说理性(评论)	
采访	1. 客观;2. 针对性;3. 逻辑性;4. 具体性	
课堂展示	1. 逻辑清晰;2. 层次鲜明;3. 表达准确;4. 展示要点突出	

注:等第分为A、P、E三个等级,A为完全符合要求,P为基本符合,E为不符合。

二、知识与技能构建

（一）授人以渔，提供支架

在项目学习开展的过程中，我们尝试推荐相关学习资源，且用思维导图、表格等形式构建学习支架，帮助学生梳理项目完成的思路，从而推动项目进程。

在学生自主阅读报刊，了解新闻的多种样式以及不同的特点和功能的基础上，教师进行支架的搭建，引导学生更进一步了解新闻。部编语文教材八上第一单元课文为不同类型的新闻稿，教师通过对这几篇课文的归纳总结，指导学生掌握新闻知识，学会分析不同新闻体裁的特点，为之后项目阶段中的新闻写作提供相应支架。同时，我们还设计了评价栏（见表5），让同学们以小组讨论的形式客观地对不同新闻体裁进行点评，从而加深对它们的认识与理解。

表5 新闻体裁分析评价表

新闻体裁	文本范例	概念	特点	评价
消息	《我三十万大军胜利南渡长江》	迅速、简要地报道新近发生的事件的一种新闻体裁	时效性、简要性	
事件通讯	《首届诺贝尔奖颁发》《消息二则》	相对完整地记述新闻事件，展示其发展过程与社会意义	真实性、时效性、客观性	
新闻特写	《"飞天"凌空》	具体描述新闻事件中的某一场景，生动形象地展现新闻现场	重瞬间、重描绘、重动态	
新闻评论	《国行公祭，为佑世界和平》	对当时发生的新闻及其中的事实或者表现出的乃至隐藏的问题，发表自己的见解，或者归纳出新的结论、观点	时效性、准确性、说理性、思想性	
人物通讯	《记独臂英雄丁晓兵》	围绕新闻事件中的人物，报道其言行、事迹，展现人物的精神	生动性、完整性、典型性	

续表

新闻体裁	文本范例	概念	特点	评价
新闻花絮	《让我们在这里相遇》	记录主体事件之外的一些有价值或有趣的小新闻点	取材特、内容新、体裁小、写法活	

资料来源：统编教材八年级上册。

教师提供的学习资源：

数字资源：中国知网相关论文；爱奇艺、优酷等视频App；金外校园网；微信公众号。

纸质资源：《写作有道》、中学语文课本、《金华晚报》等报刊。

现场资料：金外摄影社及家长拍摄的照片与视频资料；各班运动会加油稿。

通过教师指导，班级各学习小组对该项目进行分析整合，形成以下项目学习思维导图(见图1)：

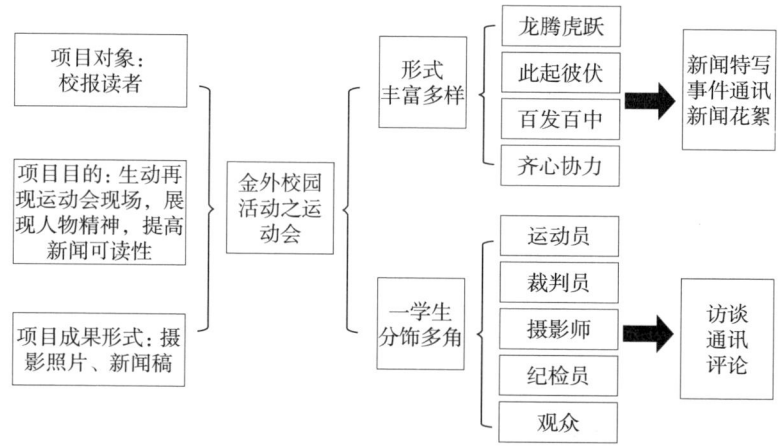

图1 运动会语文项目学习思维导图

（二）方案制定，动态推进

在明确核心知识的基础上，下一阶段学生将以学习小组的形式，通过合作讨论确定新闻体裁，并确定本组的采访方案，为该项目化写作的推进做好准备。采访时将根据本组讨论形成的采访提纲（见表6）进行提问，及时做好采访记录和视频拍摄，以保证新闻的真实性。

表6　第_____小组采访提纲

时间、地点	
采访对象	
采访目的	
采访方式	
采访器材	
采访问题	
人员安排	

资料来源：统编教材八年级上册。

（三）撰写新闻稿

根据采访提纲与评价量表开展实践，进行新闻稿的撰写。

三、批判性反馈与修改

本次语文项目学习以小组为单位，因此采用学习小组互评的方式，分享、评价不同项目学习成果。评级的标准以互评表为例，从新闻标题、导语、语言、采访、课堂展示几个方面，展开多角度、多层次评价。A、P、E三个等第的评价体系能够直观反映该组的项目进程与成果水平。

此外，我们还对小组成员的过程性表现进行了评价（见表7），包括自评和组内互评，旨在鼓励每位同学积极参与，互帮互助，主动交流。

表7　小组合作评价表

等第	A	P	E	自评	小组互评
合作态度	小组成员愿意参与到合作学习中来，积极主动开展合作学习	小组成员能较好开展合作学习，成员能基本参与到合作中来	小组成员排斥合作学习，在合作学习中不积极主动参与其中		
小组分工	小组分工合理，能根据不同学生的特质担任不同的工作，各个成员都能出色完成自己任务	小组成员分工基本合理，分工基本明确，各成员能完成自己任务	小组缺乏分工，出现一人包办现象，各成员不能很好完成工作		

等第	A	P	E	自评	小组互评
小组协作	小组成员在分工的同时能很好帮助本组其他成员完成工作，体现协作精神	小组成员能完成基本的协作，能在老师引导下帮助本组同学完成任务	小组内缺乏协作，每一个成员只关注自己的工作		
小组交流	小组内交流热烈，能通过讨论得到新的方法，得到新的启示	小组成员能完成基本的交流，能基本完成学习任务	小组成员间缺乏沟通，不能有效交流		

各学习小组将依照评价量表着手进行新闻写作。为保证所有小组都能完成本阶段的学习任务，我们对项目过程进行了"肢解"。在确定新闻体裁的前提下，小组内通过口头交流分享，提出优化建议。而后依据建议和评价表独立完成新闻写作，自行修改。最后在组内以QQ群、微信群、当面讨论等形式分享文章，互评、修改后评选出最优新闻，完成校报投稿并准备展示。

四、出项

（1）将小组最终的新闻成果发布于家长群与朋友圈，邀请"大众评审团"进行点赞与评价。

（2）学生对项目进行反思，几句话或小论文形式皆可。参考题目：

《我与新闻》

《新闻写作面面观》

《采访的意义》

《记者的基本素养》

……

（3）学生反思。

贾景雅：向校报投稿的任务一出来，我就在思考报纸需要的是怎样的新闻，这让我对报刊产生了兴趣。我开始搜集和阅读报刊，与组员讨论怎样的新闻稿是我们更爱看的。

陈子卓：原来我觉得新闻写作很无聊，就是把事情报道出来，现在有了运动会的背景，我也愿意去寻找值得报道的新闻点，采访也变得有趣了起来！

巴旗：因为要写新闻，我对运动会的关注点从"谁跑得快"到"哪些内容可以被挖掘"，我甚至可以关注到一些展现精神的或是台前幕后的细节，这是我之前没有关注到的。这次的新闻写作学习给了我更多观察和思考的角度。

学习成果举隅

他们各握着国旗的一角，在太阳的照射下，却如两根竖直的木桩定在跑道上。昂首挺胸，标准的八字步，再配上那闪亮的皮靴，让人感慨——神圣！五星红旗在护旗手们的把持下，平坦地舒展开了，金黄的五角星熠熠生辉。令人最激动的时刻终于到来——"齐步走！"所有人步伐整齐划一，就连影子的形状也完全一样。只见周逸恒面色严肃，仿佛提着一口气，肚子吸得扁平；李明泽脸上的肉富有弹性，跟着步伐不自觉地抖动着，神似一只花栗鼠。

——胡益玮

小组推荐理由：该片段为人物特写，选取的素材不局限于运动赛场，而将目光聚焦到了护旗手身上，庄严而神圣的时刻用真切灵动的文字记录了下来。这是运动会的另一道风景线，角度新颖，富有吸引力，令人想要亲临现场看着护旗手步伐整齐地踏步而过。

致男子800米运动员虞瀚清、涂哲文：

奔跑时挥洒的汗水

汗水是无声的呼喊

不论鳌头独占

还是名落孙山

我祈求

只要不是平淡

如果远方呼喊我

我就走向远方

如果大山召唤我

我就走向大山

双脚磨破

干脆再让夕阳涂抹小路

双手划烂

索性就让荆棘变成杜鹃

没有比脚更长的路

没有比人更高的山

加油吧,少年!

——余依静、杜昕曈

小组推荐理由:这是一篇运动会现场的通讯稿片段,有时效性、对象性与广播性特点。该通讯稿写作目的为在赛场上以广播形式为运动员加油呐喊,激发斗志、鼓舞人心,具有一定的文学性和音韵美。

手中紧握那沉重的实心球,那球集了他的希望;他的理想,汇集全身的力量,推出理想和希望,实心球于空中闪亮,理想在空中发光。优美的弧线划过眼前,这凝结了多少辛勤的汗水,它是这般自然又是如此完美。907王天宏,掷出了他手中那一球,在我们心中印上一条弧线。

——汪灿

小组推荐理由:实心球比赛项目特写,重点描绘抛出球的精彩瞬间,富有动态美。同时采用比喻的修辞手法与抒情的表达方式,语言优美,可读性强。选取的照片也富有代表性,不失为一篇精彩的新闻稿。

不知在何处,谁朝空中射了一枪,8个人都飞出,不是离弦之箭可比拟的。还未到观众席,前排的人就按捺不住,跳起来呼喊,而小吴面色发白,双目也成了一条线,这才不过一半之遥。就这般,她到观众席了,我们为她呐喊,旁边人嗓子干哑,全凭气力,扯着嗓子喊。最终,她似一个泄了气的气球，瘫在地上。我和另一个同学架着她踱步，是拖回座位上的。殊不知，她的眼泪如一股清泉般淌下，小诗也陪着她哭，总算是劝住了。我们给运动员按摩，谁也不究名次，和乐融融一派。

这两日，有福同乐，有泪同当，我们这些生活了两个月左右的各异之人，已画了同心圆，密不可分。

——徐懿衍

小组推荐理由："齐心协力"为我校运动会团体趣味比赛项目，不同于传统运动会的田径赛，充满特色与新意。同时该项比赛能够呼唤同学们的集体荣誉感，提升运动会的参与感和体验感。该片段描写生动细腻且有感有思，值得品尝咀嚼。

终于，当肩带落在我肩上时，我不再是这场运动狂欢的局外人了。但同样的，一份责任也随之被挑起。因为它，我获得了"五班首席摄影师"的殊荣。这可不是一件容易的差事：烈日的洗礼必不可少，不但没有在观众席跷着二郎腿和同学拉家常的机会，还要带着"火眼"在偌大的运动场上四处奔波，颇富天涯游子的沧桑感。

——吴与同

小组推荐理由：在金外的运动会现场，每个学生都有强烈的参与感，他们不仅是运动员和啦啦队员，他们也可能是纵横运动场的摄影师，不同的身份有着迥异的状态与体会。这段文字用幽默的语言描绘小摄影师的内心独白，妙趣横生。

所有人呆呆地看着，同学担心地说，别自残了，但我还是坚持上场。这一年来，引体向上最多也只有5个，而且是反握的。这次却要正握，不免有些忐忑。信心战胜犹豫，勇气战胜惶恐，这一切的一切都化作了动力。我心里默默数着"一、二、三……九、十、十一、十二！"未敢相信伤残的自己在如此条件下还能突破自我，创新高。当然，我也拉高了班级的平均数。

那个下午的夕阳仿佛是属于我的，它映照着挑战者的光辉。

也许运动会带来许多的不可能，但一切皆有可能。最艰难的是迈出第一步，只要你跨出去，坚持做了，肯定有收获。

——陈郑升

小组推荐理由：运动会的意义不仅仅是为运动健儿们摇旗呐喊，更是自我的突破与提升的契机，内心的挣扎与忐忑，创下自己的历史新高，现场的欢呼……每一个鼓起勇气挑战自己的瞬间都在运动会现场熠熠生辉。若结对学校的同学前来交流参观，运动会上每个咬牙坚持的运动员都值得受到注目。

项目成效与反思

本次语文项目化学习的内核为写作教学，以八上语文第一单元的"新闻写作"为落脚点向前推进。学生在项目学习的过程中主动阅读、合作讨论、形成文字、积极评价，不仅发挥了学生的主观能动性，创造主动学习新闻文体的空间，还提升了学生新闻写作的能力，尤其是从生活中撷取素材、读写结合的能力。

美国巴克教育研究所提出真实的情境具有三个标准：所要解决的问题正是现实世界成年人要面对和解决的问题；项目提出的问题对学生是有意义的；能够将其运用至实际生活。从该项目的问题情境来看，向报刊投稿是普遍存在的现象，对学生应用文写作有一定指导意义，也能够运用到真实的生活。本项目成果接收的对象非常明确，是校报的读者，即我校师生、家长等，对学生来说有一定亲切感。因此本项目情境能够与学生的实际生活建立联系，从而激发学生的学习和探索兴趣。

同时，为了让学生运用项目化学习中的高阶认知策略——系统分析与解决问题，教师给予了不同阶段的项目任务，涉及合作、采访、拍摄、剪辑、写作等多项综合能力。符合项目化学习跨学科以及"学习的系统性"特点。

学生通过小组合作的形式将项目顺利行进，在最后的课堂展示评比阶段将把自己组的优秀成果予以呈现，包括新闻片段、采访记录、视频片段、PPT等。这些成果能够真实再现我校运动会的精彩瞬间和值得记录的内容，也能够通过投稿的方式将其呈现在校报上，从而实现项目学习的成果现实化。

从实践案例看，学生通过观察，从不同的视角着手介绍我校运动会，有一定的参与感和获得感。从评价方式和结果看，借助标准化与主观化的评价等第，学生的能力水平可以直观反映，但存在过程化评价实效性不强、监测困难等问题，因此过程性评价机制的设置仍有思考和提升的空间。

参考文献

巴克教育研究所，2008.项目学习教师指南：21世纪的中学教学法[M].任伟，译（2版），北京：教育科学出版社.

谭轶斌，2019.语文项目学习的实践取向与设计要点［J］.语文学习（7）.

夏雪梅，2019.项目化学习设计：学习素养视角下的国际与本土实践[M].北京：教育科学出版社.

中华人民共和国教育部，2018.义务教育语文课程标准（2018年版）[M].北京：北京师范大学出版社.

⑩ "科创节·学习缩写、学写故事"项目化学习案例

周彬

✏️ 项目名称

"科创节·学习缩写、学写故事"项目化学习

📖 项目简述

生活中,我们常常需要向不同对象介绍一些科学事理。《义务教育语文课程标准(2011)》提出:"要重视写作教学与阅读教学、口语交际教学之间的联系","阅读说明性文章,能把握文章的基本观点,获取主要信息","写作时考虑不同的目的和对象","能从文章中提取主要信息,进行缩写"。因而能根据不同对象的认知水平,采用恰当的表达,达到科普目的,既体现初中生理解与运用语言文字的综合素养,也符合学段要求。

在学校科创节中,班级认领"我是科普宣传员"的任务,师生商议决定从八年级下册语文教材的科普文单元寻找素材与灵感,向学校隔壁幼儿园的孩子们宣传普及一点科学知识。教师以此为契机,设计本项目。

统编教材八年级下册第二单元,主要学习如何阅读阐释事理的说明文,《时间的脚印》为本单元最后一篇自读课文。"学写故事""学习缩写"分别

是八年级下册与九年级上册的写作教学内容，进行绘本创作的项目化学习，能够很好的统整以上内容。项目涉及语文、美术、信息等学科，计划进行两周。在八年级学生中实施。

驱动性问题

如何让3~6岁的孩子明白岩石有记录时间的"奇异功能"？

核心概念

从科普文中提取主要信息，根据读者对象和表达需要，展开想象，进行富有创造力的趣味表达。

学习目标

1. 提升信息筛选、提炼和归纳的能力；
2. 根据不同需要缩写科普类文章；
3. 能够叙述完整故事，通过故事刻画人物，发挥联想与想象，将科学事理融入故事当中；
4. 通过小组合作探究、交流展示，不断提高解决生活问题的能力，培养自身表达和创造力。
5. 学会反思改进成果，能够将所学知识进行迁移与转化。

项目实施过程

一、入项

（一）情境驱动

同学们正在为科创节"我是科普宣传员"任务寻找突破口，我忽然想到，老师家里就有一个你们需要科普的对象。大家知道老师有一个正在我们学校隔壁幼儿园就读的女儿，有一次我们去雁荡山旅行，她关注到了那里形形色色的岩石，问了许多问题，我想应该好好跟她说一说岩石是可以记录时间的这个话题，你们给我出出主意，我应该怎样让一个4岁多的孩子明白岩石有记录时间的"奇异功能"呢？

（二）项目介绍与任务分解

学生通过讨论，围绕语文学习，确定项目的成果形式——科普绘本。展示一本科普绘本，请学生一起阅读。讨论发现，用故事来讲道理是绘本常采用的方式。要完成本项目，应该解决的两大问题：首先自己应该搞懂岩石如何记录时间，其次应当选择符合这个年龄段孩子认知水平的故事，告诉她这个科学道理。

1. 填写KWL表（见表1）。

表1　KWL表

关于"时间的脚印"绘本制作我已知	关于"时间的脚印"绘本制作我想知道	关于"时间的脚印"绘本制作我应当进一步学习

2. 明确每个人要提高的自我素质。

师生统一认识，让学生积极主动地参与到项目中来（见图1）。

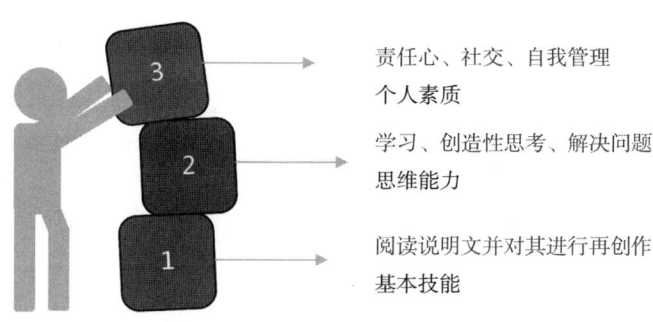

图1 素质内容

3. 观点激荡。

（1）将班级分成以6人为一组的几个小组。

（2）给每个团队一张大纸。

（3）每个小组成员同时书写自己想到的每个问题与解决办法。

（4）围绕项目核心。

（5）计时，完成后交流。

（三）项目实施进程规划表

师生共同完成项目实施进程规划表（见表2）。

表2　"科创节·学习缩写、学写故事"绘本制作项目实施进程规划表

项目名称："科创节·时间的脚印"绘本制作　　学科：语文、美术、信息等 项目时长：2周				
驱动性问题：如何让3~6岁的孩子明白岩石有记录时间的"奇异功能"？				
时间	项目实施进程	评价点	学习支架	
第一天	入项	子问题分解	KWL表、问题解决流程图	
第二、三天	子问题1 据陶世龙《时间的脚印》一文，岩石如何记录时间？作者的说明顺序如何？对文章应如何进行缩写？	事理说明文阅读策略的运用； 缩写方法的运用	本单元所学阅读方法回顾； 逻辑顺序相关知识结构化； 阅读提示； 缩写指导	

续表

第四、五天	子问题2 适合3~6岁孩子阅读的科普绘本具有什么特点？ 如何采访才能有效获得所需信息？	阅读同一类材料，分析共性，归纳特点；通过讨论，围绕核心问题，设计合理采访提纲，获得有效信息	《世界博物馆奇妙之旅》系列、《神奇校车》系列、《谁动了我的奶酪》、《一粒种子的旅行》等绘本；采访提纲
第六天	子问题3 如何创作一个适合孩子的故事？	故事完整、曲折，人物形象丰满，想象力丰富；符合3~6岁孩童的认知水平	故事写作分级标准
第七天	子问题4 如何进行故事与科普的融合？	科普类文章，与故事融合	
第八天	子问题5 怎样的绘本能够更好地吸引孩子并达到科普目的？	美术知识与技能的运用；信息技术相关知识的运用；图文并茂作品的创作意识	前期经验的合集；美术、信息教师的指导
第九天	成果评议与修改	作品完整、美观，故事有吸引力，知识融入其中	评价表
第十天	出项 总成果展示	演讲能力	评价单
第十一天	反思与迁移	自我调控、反思计划性；参与度与贡献度	反思表

（四）绘本评价表

师生共同制定绘本评价表（见表3）。

表3 评价量表

等级 指标和权重	优	良	不满意
绘画20%	整体协调，形象鲜明，富有创意，关注细节	色彩和谐，形象突出，表现完整，便于阅读	绘画粗糙

续 表

等级 指标和权重	优	良	不满意
故事30%	故事完整，形象突出，具有吸引人	完整，明白	零碎，单调
语言20%	生动通俗，浅显有趣，清晰准确	表达清晰，准确	干瘪，不清晰
主旨30%	突出体现"岩石记录时间"这个主题，很有启发性	讲清楚"岩石记录时间"这个主题	与主题关系不紧密

二、知识与技能构建

（一）课堂学习活动——自读《时间的脚印》并对其进行缩写

学习目标：

（1）把握事理，理清结构，梳理顺序；

（2）掌握缩写的基本方法与技能，提高概括与表达能力。

学习过程：

1. 回顾方法，明确活动思路。

教师提供学生自读课文的一般方法——

第一步：在"阅读提示"中筛选关键信息，提炼阅读目标。

第二步：有目标地展开阅读批注，或者摘抄。

第三步：若有旁批，借助旁批深入思考问题。

第四步：交流分享，丰富深化认知。

2. 通读全文，读懂"时间脚印"。

（1）关注"阅读提示"首段。

勾画首句"岩石记录时间"，并了解到本文内容将会涉及地质学和生物学方面的知识。

（2）借助语文《作业本》，梳理文章。

学习任务一 梳理文章，解读文章写法

文中有大量独立成段的句子，这些句子具有提示重点内容、标示层次结构等作用，使文章脉络清晰，便于阅读理解。默读课文，圈点勾画出文中独立成段的句子，补全思维导图并解答疑问。

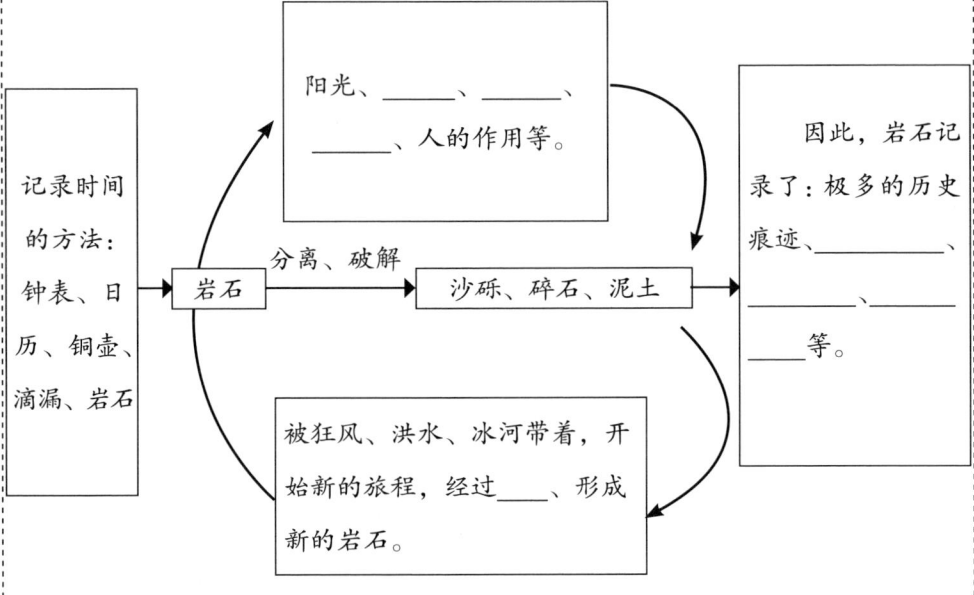

疑问：文章开篇的几种记录时间的方法中，作者仅详细叙述了铜壶滴漏，为什么？

发现：岩石记录时间的方式与铜壶滴漏"此消彼长"的计时方式十分相似，也是一种此消彼长的过程——_____
_____。这种写作方法叫类比，即基于两种不同事物间的类似之处，通过描写一事物来描摹另一事物。

疑问：作者用了大量的笔墨展现岩石被破坏而逐渐形成泥沙的过程，这一内容与"岩石是怎么记录时间的"似乎关联不大，是否可以略写？

发现：通过仔细阅读这部分内容，我发现作者详写这一部分的原因是_____
_____。

任务要求：自主阅读全文，综合运用本单元所学的阅读方法，有目标地寻找

答案。注意勾画重要的信息，并从内容把握的角度，做概括式批注、质疑式批注、点评式批注，借助思维导图整理知识。

注：方框内容来自义务教育教材语文八年级下册《作业本》。

（3）理清思路，明了文章结构层次和说明顺序。

3. 根据绘本需要缩写文章。

（1）明确缩写概念：缩写就是保持主题思想不变的前提下，压缩文章的篇幅，把主要内容用自己的话说一遍。

（2）缩写原则：

尊重原作，把握原文。

保留主干，去其枝叶。

语言流畅，文意通达。

（3）缩写方法：摘录法、删减法、概括法。

注意：在缩写说明文时，可把最能说明事物主要特征的部分较多地摘录下来，而文中的枝节问题、与事物本质特征关系不大的部分可少量摘录或者不录。可删除部分重复的例证、描写、议论性文字，删除那些不直接影响说明对象的修饰语言、叙述和次要文字细节，保留事物特征和本质部分。

缩写《时间的脚印》中"岩石是怎样记录时间"部分。根据文章内容与任务需要，小组交流评议，选出组内最佳缩写版本。

教师提示可能需要思考的问题：

①对于文章说明的事理，你是否能够用自己的语言进行表述？

②你的语言还可以更加简洁吗？自己说话时的顺序是否合理？

③在完成"缩写"的时候，简洁清晰与生动吸引人哪个更重要？

④你们的绘本将用到文章提供的所有信息还是部分，或者需要其他补充？

（二）课堂学习活动——学写故事

学习目标：

（1）能够将故事叙述完整，并通过故事刻画符合孩子阅读兴趣的人物形象。

（2）发挥联想与想象，丰富故事细节，增加故事吸引力。

（3）巧妙融合"岩石记录时间"这一科学知识。

学习过程：

任务一 观看奥斯卡动画短片《月神》（无字幕），探究故事要素

（1）动画中三个人物的关系如何？分析他们行为的内在动机。

（2）当争执发生时，小男孩会在想什么？你可以对小男孩的所见、所闻、所思进行细节描写。

（3）这个故事的主旨与价值是什么？它的结尾给你怎样的创作启示？

把你的探究结果写下来，然后再进行小组交流。希望你阐释清楚自己的看法，倾听同伴意见，能对同伴的见解给出建议。

教师期望的探究发现：人物动机推动情节的发展，合理想象是写好故事的前提。细节描写是指抓住生活中的细微而又具体的典型情节，加以生动细致的描绘，它具体渗透在对人物、景物或场面的描写之中，是刻画人物精神的重要方法。绘本中虽然文字量并不大，但是细节描写越到位，越有助于后期绘画制作的同学画出形象、生动、与人物精神契合的作品。故事需要意义支撑，有一个情理之中又意料之外的结局很重要。联系我们的绘本创作，我们的支撑更多地在于"岩石记录时间"这一科学事理，不可忘记创作初衷。

根据学生学习的实际情况把握本环节，注重课标知识的落实。

任务二 讨论完成故事写作分级标准（见表4）

表4　故事写作分级标准

	优	良	不满意
情节	开篇吸引读者；中间有冲突和悬念；情节不断反转，让人想一读到底；结局出乎意料，有余味	有完整情节，曲折，有可读性	有完整情节，设置合理
人物	个性鲜明，形象生动，内心丰富，有代表性	注重人物描写，人物形象比较生动	人物性格标签化
联想与想象	联想丰富，想象新奇，虚实相生	联想丰富，想象合理	有一定的联想和想象

续 表

	优	良	不满意
主旨	故事围绕"岩石记录时间"这一科普主题展开,吸引读者的同时能让小读者明白原理	体现"岩石记录时间"这个科普主题,并且与故事衔接自然	有"岩石记录时间"这一科普主题

任务三 尝试单独或者合作创作一个故事,将"岩石记录时间"这个事理融入其中

(三)课外合作探究资源支架搭建

1. 采访幼儿教师,了解幼儿的认知水平。

①采访方案的确定(见表5)。

表5 采访提纲

时间		地点	
采访对象			
采访目的			
采访方式			
采访器材			
采访问题	① ② ③ ④		

通过采访幼儿教师,了解3~6岁孩子的认知水平,具体而言,应了解幼儿对绘本的喜好,从而帮助确定绘本图文比例。通过实际采访调查,了解类似于《神奇校车》这样的经典科普绘本在小班阶段幼儿中的接受度。

2. 在阅览室研究《神奇校车》系列、《世界博物馆奇妙之旅》系列等科普类绘本,尝试总结其创作规律与特点。

3. 绘本故事技巧(见表6)。

表6 两种故事结构

平路故事	爬坡故事
开始__,__,__,__,结束	开始__,之后却__,结束
基于一个主题或题材	基于一个主角和这个主角发生的事
包括细节、描述和例子	通常有一个特定的场景
没有"发生"什么特别的事	有清楚的开头、中间和结尾
通常没有主角、开头、中间、结尾、问题或解决方式	包括一个特定的问题和解决方法
通常包括重复出现的词语或由一条直线贯穿	跟随一条情节线

资料来源：〔加〕阿德丽安·吉尔《写作力》。

提示：绘本故事常采用平路故事，似乎与我们所学的故事标准有冲突，请根据你的调查结果选择适当的结构。

绘本故事常用比喻、拟人修辞，善用重复句，有细节与情感，语言浅显形象，具有吸引幼儿的特点。

三、批判性反馈和修改

（一）绘制之前的展示与反馈活动

1. *活动目的。*

（1）检查评估前一阶段各小组的学习成果

（2）反馈修改，为下一步做准备

2. *活动流程。*

（1）每一个小组把自己确定的缩写版本、讨论后选出的最佳故事放在8K的书写纸上，侧边留出空白，将它挂在教室的后面黑板（如果需要可以留一名组员在作品旁做解说）。

（2）学生安静地在教室走动，阅读展示的每一件作品。

（3）把反馈的意见写在便利贴上，贴在展示作品的留白处。

（4）请运用缩写的相关知识，故事分级写作标准进行评价。

（5）浏览结束后，各小组阅读和反思收到的反馈意见。之后，计划下一版的修订和下一步的工作。

（二）绘本创作与修订

（1）组内分工创作，根据标准进行修订。

（2）根据绘本评价标准，填写改进表（见表7）。

表7　绘本改进表

成果中存在的问题	可以改进的具体建议	可以寻求到的帮助
绘画：		
故事：		
语言：		
主旨：		

（3）完善作品。

四、出项

形式：作品展示以演讲的方式在教室中开展。

邀请人员：实验幼儿园的1位老师以及小班的7名小朋友、本班级任课教师、全校语文老师、科创节评委。

各小组按顺序向到场来宾介绍自己的绘本作品，采用PPT演讲的方式。由到场的观众对演讲者表现做出评价（见表8、表9、表10）。

各组派代表为到场小朋友讲绘本。

参与项目的所有同学对项目进行反思。

表8　演讲能力评价表

等级标准	非常好	好	一般
有效且清晰地使用视觉表达（如PPT等）工具			
表达清晰并重点突出			

续 表

等级标准	非常好	好	一般
身体语言体现出自信、有说服力			
保持与观众的目光交流			
声音清晰，音量适中			
语言简洁，没有口头禅			

表9　个人任务与时间管理评价与反思

	非常好	良好	一般
对项目的学习目标有清晰认识			
在最低程度的监督下，能够独立工作			
征求他人意见并有所改进			
按时完成，并收获颇丰			
我认为自己可以改进的地方在于：			

表10　小组合作能力评价与反思

	非常好	良好	一般
小组成员互相促动，彼此鼓励参与			
项目分工合理，成员参与度高			
小组能够有效地利用各个成员的优势			
小组成员能够有效解决冲突			
我认为在今后的项目化学习中，小组合作应当在这些地方有所改进：			

学习成果举隅

（一）程奕菲和姜学宜绘本故事文字稿及配图设想

米乐乐和小怪物多多

"讨厌，妈妈又不让我吃糖！"米乐乐生气地踢开一块小石头。

"哎哟！"草丛里钻出一个毛茸茸的紫色小怪物，嗖的一下从米乐乐身边跑过。

"一个毛茸茸的紫色小怪物？"米乐乐赶快追了上去。

小怪物跑得飞快，在一个灌木丛后消失不见了。
米乐乐跟上去——
"啊——！"（配图：米乐乐掉进了一个地洞）

（米乐乐掉进了一个大地洞）
米乐乐环顾四周，发现四周有好多好多的小石头。
米乐乐捡起一块小石头："好漂亮的小石头啊！"
"你也觉得吗？"小怪物多多不知道从哪里钻了出来。

"呀！这是你的石头吗？"米乐乐问小怪物多多。
"是的，你知道吗？它今年已经500岁啦！"多多自豪地说。
"真的吗？你怎么知道的？"
"你跟我来。"小怪物多多拉起了米乐乐的手。

"看！"小怪物指着一块比房子还大的石头，"当我爷爷的爷爷的爷爷的爷爷……找到它的时候，它还只有鸡蛋那么大。"
"石头也会长大吗？"米乐乐问。
"当然会啦。"多多说，"悄悄告诉你哦，石头其实是由一粒一粒的沙子，聚在一起，埋在地下好多好多年后形成的呢！每一年都会有更多的小沙子加入这个石头大家庭。石头自然也就在一天天长大啦。"
"哇！"米乐乐想象了一下——（配图：沙子和巨石）

"所以，其实每一层石头都是不一样哒，你看，你能找出它们有哪里不同吗？"（配图：一层一层的石头）

"再看这些石头。它们每一块的颜色都是不一样的。"多多指着一堆圆圆的小石头说。

"为什么呀?"

"地球上的气候常常能影响石头的颜色,比如你看这块红色的石头,说明当时气候非常的炎热,再看这块灰黑色的石头,说明当时气候非常寒冷。"

"哇,你看这块小石头!上面竟然有一只小虫子!咦,怎么不会动?"

"这是三叶虫的化石。"多多走过来,"它可是从500000000多年前那个叫寒武纪的时代来的哦。"

"天那!这么多'0'啊。"

"所以你看,从石头上可以看见这么多东西。不过岩石也是会碎裂的,地面上和地下的生物,都会对岩石造成破坏。水和空气还能在岩石内部搞大破坏呢!"

米乐乐说:"一块小石头竟然能记录这么多事情,我以后也要收集小石头!"

小朋友,这里有好多石头,你也来看看吧!(配图:多多对着小朋友说)
(一堆化石图片)

回家的时候,米乐乐带了一个大大的袋子,袋子里装满了奇异的石头。
"你拿了什么回家?"妈妈问。
"不告诉你,"米乐乐神秘地说,"这是我的小秘密!"
(配图:米乐乐在妈妈的目光中走上楼。妈妈手里一定要拿锅铲。)
(配图:米乐乐抱着一袋石头甜甜地睡了)

（二）王一小组作品

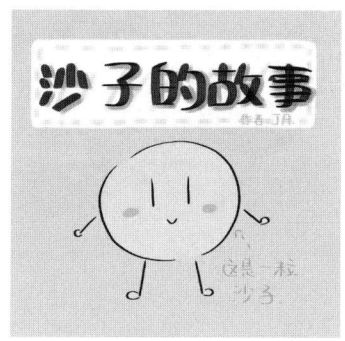

这本书属于

_____。

很久很久以前，有一粒沙子。为了让你记住它，我们叫它"沙沙1号"。

当然，你平时看到的沙子只有这么一点大：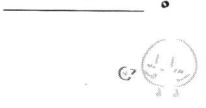

如果把地面放大，那么你会看到：

我们叫它们"沙沙2号""沙沙3号""沙沙4号"……

沙沙们平时喜欢抱在一起，变成一个"沙沙团"。"沙沙团"有大有小。

因为沙沙们抱得很紧，沙沙团就变得很坚硬。这就是你看到的岩石。

沙沙们想要拥有自己的小秘密，所以"沙沙团"和沙沙看起来一点也不像。

沙沙们一起度过了

温暖的春天，

多雨的夏天，

刮风的秋天，

还有寒冷的冬天。

项目化写作案例：校园活动中的语文学习

终于有一天，沙沙1号说："我想去西边的湖看看。"其他沙沙也很赞成做一次旅行。
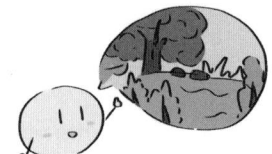

沙沙2号想去山脚和小鸟见面。沙沙3号想到草坪上看蘑菇。每个沙沙都想去不同的地方。

去其他地方的路很长。为了更好地旅行，沙沙们慢慢地分开，分成好多个小沙沙团。

最后，变成了很多个沙沙。

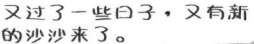

沙沙1号开始旅行。然后，它到了西边的湖里。

在湖里，它遇见了另外的很多沙沙。它们都很开心。

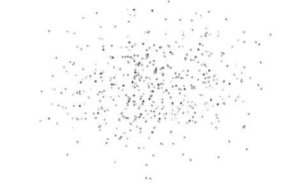

又过了一些日子，又有新的沙沙来了。

沙沙越来越多。沙沙1号很开心：它找到了新的伙伴们。

184

沙沙们又抱在一起了，变成一个扁的"沙沙团"，也可以叫做"沙沙层"。这就是大人们说的"岩层"。

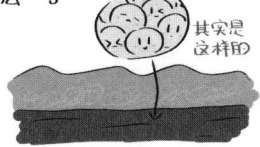

因为沙沙们很小很小，旅行的路很长很长，沙沙们通常需要很长时间来完成一次旅行。

所以，如果你看到小河或者湖里的水面比以前高了一点点，那就说明：时间已经过去很久了。

其实，沙沙们还为你准备了另一个小惊喜。

人们会在岩石里发现一些东西：贝壳、羽毛、或者恐龙的小骨头。

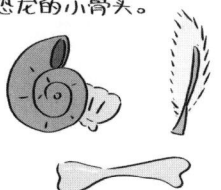

偷偷告诉你：沙沙们喜欢在旅行中收集这些东西，把它们带给伙伴们看。

沙沙们还有更多的故事，就要等你自己去发现了。

我还发现了沙子的其他小秘密：_____

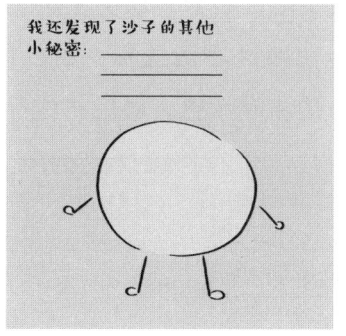

更多学生绘本作品请扫二维码查看。

项目成效与反思

（一）立足学科核心素养，联结阅读与写作

在整个项目的设计与实施过程中，始终坚持在培养学科素养的基础上，提升学生思维品质，培养学生个人素质。项目化学习的好处在于"克服了知识学习与思维实践的割裂状况，帮助学生不仅'知'，而且体验如何'行'"。本项目的能力核心在于：阅读，能够准确获得和概括信息；写作，能够根据对象的认知采用合适的语言形式表达特定内容。这两项能力既是学生生活的需要也是课程标准的要求，教材中对于这两项能力的训练，分散在八年级上册与九年级上册的不同单元里，通过本项目的实施，能够将它们统整起来。

教师在知识与技能建构过程中，是一个引领者，是一个援助者。在项目化的教学中，我们需要为学生搭建支架和组织必要的问题探究。把项目学习作为教学的一种方法，在实践中落实写作知识，在创作中提高写作能力。

（二）追求真实的写作，用好校园活动资源

项目在具体实施中，恰遇校园科创节，语文老师围绕驱动性问题，将语文情境的真实，即学习真实有用的语文知识，培养真实的语文能力，与生活情境的真实结合起来，让学生感受到学会写作是生活的必备。

学生在项目之初就明了自己的写作目的与作品的受众，让他们拥有更强的创作欲和成就感。最后将作品展现给真实读者，让孩子来评判绘本故事的优劣，让学生有持续探究的压力与动力。这是传统的线性课堂不具备的优势。

（三）重视自我管理，在实践中提升综合能力

项目化学习强调以学生为中心，发掘学生对学习的内在渴求。在这一过程中，如何激发，如何帮助学生自我管理，使每一位学生都参与到项目学习当中来是教师值得深入研究的问题。换言之，我们除了设计一个有挑战性、有趣味性又契合学科概念的驱动性问题之外，到位的项目跟踪管理，及时的鼓励与帮助，是项目学习能够有效推进的关键。

项目管理过程中，为了能够更好地帮助学生自我管理，我们引入"小组项目规划""项目日志"等工具，同时鼓励每一个学生找到自己的角色定位，按时完成小组任务，相互协作，相互监督。

对待学生作品，有宽容的态度，根据不同学生层次，指导学生进行自我评价与修改，让更多学生在项目学习中获得成就感，才能让学习更自主。

参考文献

阿德丽安·吉尔,2017.写作力.创意思考的写作策略[M].广西：接力出版社.

巴克教育研究所,2008.项目学习教师指南——21世纪的中学教学法（第2版）[M].北京：教育科学出版.

苏西·博斯,约翰·拉尔默,2020.项目式教学：为学生创造沉浸式学习体验[M].北京：中国人民大学出版社.

温儒敏,王本华,2020.统编初中语文教科书·教学设计与指导（八年级下册）[M].上海：华东师范大学出版社.

夏雪梅,2020.项目化学习的实施：学习素养视角下的中国建构[M].北京：教育科学出版社.

浙江省教育厅研究室,2018.语文作业本（八年级下册）[M].杭州：浙江教育出版社.

⑪ "趣雅悦读节·新闻写作与微新闻联播制作"项目化学习

苏易

✏️ 项目名称

"趣雅悦读节·新闻写作与微新闻联播制作"项目化学习

📖 项目简述

美国学者查尔斯·斯特林在其《媒介即生活》书中阐述了这样一个事实:我们生活在由媒介构成的世界,无时无刻不受媒介的影响。新媒体时代,新闻写作的重要性不言而喻。培养学生新闻写作能力,学校责无旁贷。金华市外国语学校教育集团依托丰富多彩的校园活动,在培养学生新闻写作能力和媒介素养方面做了积极的探索。

以本学期金华市外国语学校教育集团·金东区光南中学校区举行的"趣雅悦读节"活动为契机,将新闻写作与当下最流行的项目化学习结合起来,师生共同实施一个完整的新闻写作教学活动。本项目以展现"悦读节"各项活动及精彩瞬间,向同学征集消息、评论、采访稿等真实问题作为情境,以新闻播报的方式呈现"悦读节"成果,结合初中语文统编教材编写的八年级上册"新闻"单元内容,设计"新闻采访""新闻写作""脚本编写""播报剪辑"四个主要活动，提升学生的新闻写作能力和媒介素养，让新闻写作真实发生。该项目在八年级学生中实施。

驱动性问题

如何结合所学的新闻知识，收集新闻素材，将"趣雅悦读节"中的精彩时刻拍摄剪辑成《趣雅悦读节·微新闻联播》？

核心概念

捕捉新闻线索，抓住新闻热点，利用镜头语言进行创造性纪实表达。

学习目标

1. 把握新闻通讯、新闻特写等不同体裁新闻的特点，了解"趣雅悦读节"活动特点，围绕活动内容，并学会撰写不同体裁的新闻作品；

2. 了解新闻脚本的相关知识，创作新闻脚本；

3. 锻炼捕捉新闻线索、抓住新闻热点的能力；提高策划组织、分工合作、交流沟通的能力；

4. 熟悉自媒体运作，掌握视频拍摄、剪辑等新媒体技术；

5. 养成关注现实、关心时事、自主思考的习惯；形成求真求实、冷静客观的思维方式；学会准确、负责任、言必有据地表达。

项目实施过程

一、入项

（一）情境驱动

"趣雅悦读节"期间，"光南TV"将录制一期以"悦读节"为主题的《微新闻联播》，来展现"悦读节"中的各项活动及精彩瞬间，特向各位同学征集消息、特写、评论等相关稿件。请你结合所学的新闻知识，实地采访，将"趣雅悦读节"中的精彩时刻写成新闻稿，再根据稿件创作新闻脚本，将"趣雅悦读节"中的精彩时刻拍摄剪辑成《趣雅悦读节·微新闻联播》。

（二）项目介绍与任务分解

基于问题情境和驱动任务，师生共同讨论，填写KWL表（见表1）。

表1 KWL表

关于如何拍摄剪辑《趣雅悦读节·微新闻联播》我已知	关于如何拍摄剪辑《趣雅悦读节·微新闻联播》我想知道	关于如何拍摄剪辑《趣雅悦读节·微新闻联播》我应当进一步学习

基于上述问题情境和驱动任务，根据KWL表，师生共同讨论，明确以学生为主体的读写能力训练，将项目化学习设计框架图如图1所示。

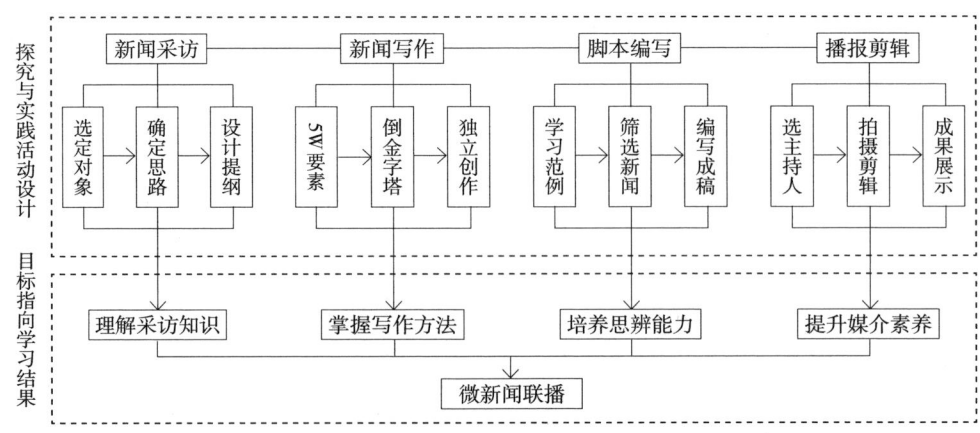

图1 项目化学习框架图

上述项目化学习框架明确将学习活动与任务目标对应，强调以终为始，学生从一开始就知道在每一项学习活动任务中需要掌握的能力，而能力的体现又是学习结果的展示。同时，为了使学生能在学习活动中重视学习进度、优化学习策略，我们又在项目开始前就明确项目特征，并在此基础上，设计了如下评价表给予学生有梯度的评价指导（见表2）。

表2 "趣雅悦读节"评价表

评价项目		评价指标	评价等级				评价结果		
			A	B	C	D	自我	同学	教师
总结性评价	采访提纲	①采访对象数量多且具有代表性 ②采访思路清晰 ③采访目的明确 ④采访问题恰切、全面、有个性化、有针对性							
	新闻脚本	消息： ①内容真实客观，简洁明了，富有实效性 ②正文包含标题、导语和主体，并遵循重要性递减原则 ③标题是否高度概括内容，富有美感和吸引力 ④导语准确、简练、易懂 2. 新闻特写： ①截取新闻中最具有价值、最生动感人、最富有特征的片段 ②兼备新闻和文学的特点 3. 新闻评论： ①真实客观 ②论点新颖，论据具有典型性和说服力 ③说理有深度							
	新闻播报	①普通话标准 ②表达要规范 ③仪表形象要端正大方 ④播报态度要真实客观 ⑤播报语气要有轻有重，有急有缓							

续 表

评价项目		评价指标	评价等级				评价结果		
			A	B	C	D	自我	同学	教师
总结性评价	新闻拍摄剪辑	①画面要清晰 ②换面切换要流畅 ③背景音乐不能喧宾夺主,要和播报声音相配合 ④播出的新闻画面要能概括新闻内容							
表现性评价	人际交往	①能认真倾听他人观点,不打断他人 ②友善表达自己的观点,让他人愿意接受 ③在组内承担组员或组长的角色,积极参加讨论,认真完成组内任务							
	过程资料	①采访提纲内容翔实,目标明确,问题有价值 ②新闻脚本要点明确,思路清晰 ③新闻播报语音标准,得体大方,真实客观 ④新闻拍摄剪辑清晰流畅,音乐与人声协调,内容翔实							
综合评价									

二、知识与技能构建

(一)搭建学习支架

本项目的驱动问题具有挑战性,上述学习任务的完成,对学生来说颇具挑战性。学生不仅要掌握新闻写作与播报的技能,还要学会运用信息技术,完成从音像采集到文字撰写再到视频制作等一系列学习任务。为了使学生不产生畏难情绪,我们还组织学生对驱动性学习任务进行分解,设计了如下支架式思考路径和问题链:

（1）一个完整的《新闻联播》包括哪些方面的内容？

（2）如何写好消息？

（3）关于"趣雅悦读节"，你需要知道哪些内容？这些内容中哪些可以进入《新闻联播》？

（4）有了素材后，需要对素材做哪些处理和整合工作？

……

针对这些思考路径和问题链，教师可以先给学生提供一个大概的范围和思路，然后组织学生进行讨论，把每一个问题链分解为更小的问题组，并落实到学生个体，促使学生明确任务并学会合作。无法在课内得到解决的项目化学习问题，教师要鼓励学生利用网络资源自行寻找解决路径，并参与其中，和学生一起共建资源库。

为本次项目化学习活动创建的资源库如下：

视频资源：《新闻三十分》《新闻联播幕后的故事》《曲阳二中校园新闻联播》《教你轻松学剪辑》。

纸质资料：《写作有道》、统编教材八年级上册语文教材、《八上·作业本》《电视新闻写作》。

技术支持：剪映App、iMovie剪辑App、字体素材库、片头素材库、绿幕抠图、网易云音乐、iPhone手机录像设备、手机固定支架。

（二）分项落实

本项目实施7周左右，按照自由组建学习共同体的原则，将两个班分为6个学习小组。

师生共同商量后，设计了该项目的学习进程表（见表3）。

表3 学习进程表

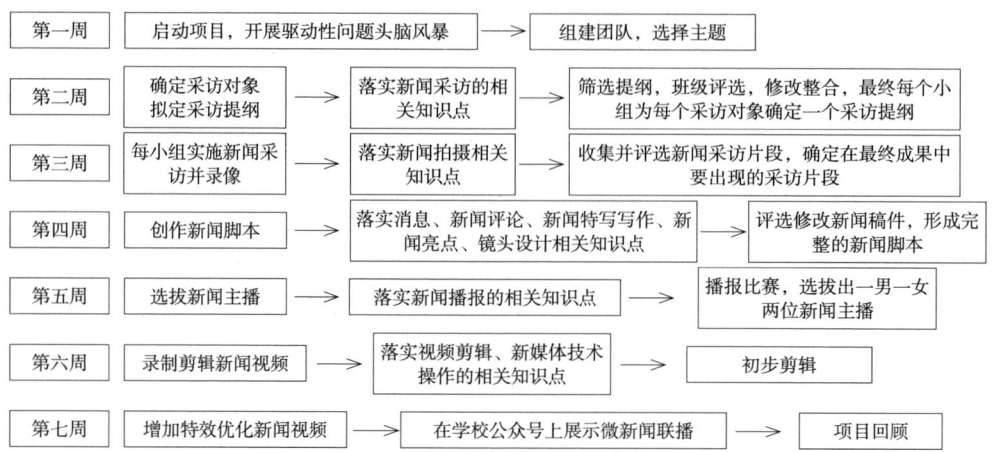

子项目一：新闻采访

任务一 根据"趣雅悦读节"中的各项活动，选定采访对象（见表4）

表4 "趣雅悦读节"采访对象表

"趣雅悦读节"活动	参与人员	拟定采访对象
绘制宣传海报	全班	同学
制作悦读节书签	全班	美术老师、同学
经典诵读	全班	语文老师、同学
"趣雅悦读节"原创歌曲	合唱团同学	音乐老师、合唱团同学
名著知识竞赛	全班	获奖同学
"趣雅悦读节"书法大赛	全班	获奖同学
整体活动	—	校长

资料来源：统编教材语文八年级上册《作业本》。

任务二 确定采访思路流程表（见表5）

表5 "趣雅悦读节"采访思路表

要求
（1）从"趣雅悦读节"活动中，选择你最感兴趣的一个。
（2）设想读者最希望从你报道的这则新闻中获知什么，用问句分条写下来。
（3）询问小组成员：对于你的报道，作为读者，他们希望了解些什么？用问句分条写下来。
（4）对（2）和（3）的问题进行整合，先保留重合度高的问题，再筛选其他问题。分条写下来。

（1）报道内容或主题：

（2）预测读者需求：　　　　　　　（3）部分读者需求：

（4）整合重合度高的问题并筛选其他问题：

任务三 设计采访提纲

明确采访思路后，每小组拟定了采访提纲（见表6），并根据评分表给采访提纲打分，根据要求小组讨论并修改采访问题。

表6 "趣雅悦读节"采访提纲评分表

标准/评分 序号	采访问题要 恰切（3分）	采访问题要 全面（3分）	采访问题要 有个性（3分）	采访问题要有 针对性（3分）
1				
2				
3				
……	……	……	……	……

下面以王一宇同学的"海报设计采访提纲"为例（见表7）：

表7 "趣雅悦读节"海报设计采访提纲初稿

时间、地点	2021年3月5日,光南中学85B班
采访对象	优秀海报设计者傅祎祺同学
采访目的	了解傅祎祺同学的海报设计理念与参加本次活动的感受
采访方式	访谈,录像拍摄
采访器材	话筒、纸、笔、相机
采访问题	请问你用的是水粉颜料作画吗? 请问你觉得这个活动为什么很有意义? 请问你这个设计是想表达什么?

同学们在讨论中发现,原表格中的第一个采访问题并没有围绕着采访目的,显得多余累赘,三个采访问题之间没有逻辑关系,且加入了记者的主观色彩,问题空洞宽泛,语言表达过于口语化,不够得体。经过组员的修改讨论,呈现最终的采访提纲如下(见表8):

表8 "趣雅悦读节"海报设计采访提纲修改稿

时间、地点	2021年3月5日,光南中学85B班
采访对象	优秀海报设计者傅祎祺同学
采访目的	了解傅祎祺同学的海报设计理念与参加本次活动的感受
采访方式	访谈,录像拍摄
采访器材	话筒、纸、笔、相机
采访问题	1. 请问你这张海报的设计理念是什么?比如这朵卷云纹的图案有什么深刻含义吗? 2. 请问你在绘制海报中遇到过什么困难,你又是如何解决的呢? 3. 你认为本次海报设计活动对于阅读有什么帮助?

子项目二:新闻写作

选取"趣雅悦读节"中的精彩活动,收集新闻素材,运用如下表格(见表9)进行整理。

表9 "趣雅悦读节"新闻素材整理表

要求：从收集的新闻素材中找出报道焦点或中心思想，将其组织成一句话，写下来（回顾一下判断新闻价值的要素有哪些；依据现有的材料，思考读者期待你的报道侧重于哪一方面）。
提示： (1)找出支撑、解释、拓展中心思想的材料，删除无关材料。 (2)保证新闻基本要素(时间、地点、人物、事件、结果、原因)的完备性和准确性。 (3)根据重要性递减原则对材料进行排序。

资料来源：统编教材语文八年级上册《作业本》。

根据新闻素材整理表中的中心思想，写好新闻的标题和导语，还可以根据新闻素材的具体情况，判定本则新闻是否可以写成特写、通讯、花絮等新闻体裁。

创作完成后，根据"消息写作的评分规则"（见表10）和"新闻特写的评分表"（见表11），小组成员之间互评并提出修改意见。

表10 消息写作的评分规则

评分角度	层级四 （10~9分）	层级三 （8~7分）	层级二 （6~5分）	层级一 （4分及以下）
标题	标题高度、形象地概括了内容，吸引读者	标题概括了新闻事实，但只是要素的叠加，不够醒目	标题信息冗杂，包含了一些次要信息，不够简洁	标题并未揭示新闻的主要事实
导语	突出新闻事实中最新鲜、最具吸引力的事实，能够激起读者的阅读欲望（能恰当运用特殊导语形式的更佳）	简洁地呈现新闻核心事实，但表达稍显死板	导语呈现信息过多，包含了许多次要信息，显得啰唆	导语呈现的并非是新闻的主要内容

续 表

评分角度	层级四 （10~9分）	层级三 （8~7分）	层级二 （6~5分）	层级一 （4分及以下）
主体	主体内容充实，新闻要素完备；新闻背景起到了说明、补充、衬托新闻事实的作用	主体内容较为充实；有些新闻背景显得多余	新闻要素有残缺，读者读完后，对于新闻事实还会有不明之处	基本上没有主体内容，类似于一条短讯
结构	消息格式正确、清晰；层次清晰，主题内容运用倒金字塔结构，按重要性递减原则推进	消息格式正确、清晰；层次不够清晰，未按重要性递减原则推进	消息格式有问题；内容混杂	缺少新闻的基本格式；类似于一篇记叙文
语言	具有客观性、准确性、间接性、通俗性等特点	语言不够准确，信息表达模糊；语言不够简洁，有不必要的描写；专业术语过多	议论、描写、抒情过多，写成类似记叙文的文章	语言表达混乱，不符合记录事实的基本要求

资料来源：统编教材语文八年级上册《作业本》。

表11　新闻特写评分表

评分角度	层级三 （10~8分）	层级二 （7~5分）	层级一 （4分及以下）
标题	标题高度、形象地概括了内容，吸引读者	标题信息冗杂，包含了一些次要信息，不够简洁	标题并未揭示新闻的主要事实
场景选取	截取新闻中最具有价值、最生动感人、最富有特征的片段	报道了全过程，并没有选取片段	基本上没有主体内容
语言	兼备新闻和文学的特点，既有新闻性、时效性和真实性，又有现场感	只有新闻性（类似于消息）或只有文学性（类似于散文）	语言表达混乱，不符合记录事实的基本要求

资料来源：统编教材语文八年级上册《作业本》。

按照"消息写作的评分规则"与"新闻特写评分表",修改、筛选优秀的新闻稿件,并将稿件汇编成《微光班报·趣雅悦读节特刊》,形成阶段性成果。

子项目三:拟写新闻脚本

1. 撰写新闻脚本。

新闻脚本是新闻视频的根基,它统筹着主播的语言、新闻的画面和背景音乐的出现。一个好的新闻脚本能够提高拍摄的效率和质量,提供有效的新闻信息,阐述客观事实,引发观众思考。

在完善"趣雅悦读节"新闻稿件的筛选、修改、评定后,再组织学生根据已有的优秀新闻稿件,创作新闻脚本。

由于创作本次新闻脚本的对象是学生,并没有过高的技术要求,所以本次活动主要采用"模仿法"指导学生进行脚本创作。在脚本创作前,先让学生观看《新闻三十分》和《新闻联播》,概括和分析画面、旁白和字幕的特点,进行归纳总结,形成新闻模板。再绘制新闻脚本表格,根据撰写的"趣雅悦读节"消息、特写、评论,完善脚本细节。请看下面《趣雅悦读节·微新闻联播》分镜头脚本(见表12):

表12 《趣雅悦读节·微新闻联播》分镜头脚本

序号	画面	声音(旁白)	字幕
1	新闻片头	新闻联播片头曲	光南微新闻联播GuangNan News Broadcast
2	演播厅两位新闻主播播报新闻画面	主播1:观众朋友,早上好! 主播2:早上好! 主播1:欢迎您收看光南电视台新闻频道。本次"微新闻联播"以光南中学"趣雅阅读节"为主题,下面请看详细报道。 主播2:阅读,是破万卷而解世事的洞若观火,是展诗书以望江湖的墨晕剑锋。秉承着重视阅读的一贯传统与"至趣至雅,惟诚惟新"的教育理念,光南中学举办了"趣雅"阅读节活动	主持人左右两边字幕: 光南电视台:厉晨灿 光南电视台:朱嘉喜 (显示两秒后消失) 背景字幕:光南TV (一直出现)

续表

序号	画面	声音（旁白）	字幕
3	学生张贴倡议书海报画面	主播1：十里书香，一揽芳华。阅读节临近之际，同学们精心制作的创意海报悄然出现在校园的角角落落。佳节虽未至，书香已满园	底部大字：佳节虽未至 书香已满园（黄色、宋体四号） 底部小字：光南学子张贴悦读节倡议书海报（红色、宋体小五号） （一直出现）
4	演播厅两位新闻主播播报新闻画面	主播2：2021年3月4日，在"趣雅悦读节'我是设计师'"中，同学们充分发挥了想象力和创作力制作了海报、书签、团扇等一系列悦读节周边产品，展现了光南学子全面发展的综合素质	背景字幕：光南TV （一直出现）
5	画面1：两位老师指导学生创作 画面2：学生画画、写毛笔字、制作手工团扇 画面3：学生展示作品	主播2：85A85B班的同学们在美术老师吕珏和语文老师苏易的指导下，为本次"趣雅悦读节"活动制作了一系列充满艺术特色的周边产品。笔酣墨饱，纸墨飘香。几笔勾勒似云锦，点墨绘出心中情	底部大字：趣雅悦读节·我是设计师活动（黄色、宋体四号） 底部小字：光南学子在制作书签、团扇、明信片（红色、宋体小五号） （一直出现）
6	画面1：海报设计分享会 画面2：学生鼓掌	主播2：班级还开展了"海报设计分享会"活动，优秀海报设计者登台讲述自己的设计理念，赢得了同学们的阵阵掌声	底部大字：趣雅悦读节·海报分享会（黄色、宋体四号） 底部小字：同学们在讲解海报设计理念（红色、宋体小五号） （一直出现）
7	记者采访设计海报学生画面	记者：傅祎祺同学你好，请问你这张海报的设计理念是什么？比如这朵卷云纹的图案有什么深刻含义吗？ 学生回答	记者左边字幕： 本台记者：钱俊宇 （持续两秒后消失） 学生右边字幕： 优秀海报设计者：傅祎祺 （持续两秒后消失）

续 表

序号	画面	声音（旁白）	字幕
8	演播厅两位新闻主播播报新闻画面	主播1：2021年3月8日，光南中学举办了"趣雅悦读节'经典诵读'"活动，85A85B班的同学们身穿汉服，寄情于诗，吟诵经典诗篇	背景字幕：光南TV（一直出现）
9	画面1：学生穿汉服诵读 画面2：学生穿汉服作揖	诵读原音（渐弱） 主播1：每一位光南学子心中都有一片诗海，经典诵读直叩学生的心灵，打开了学生的文艺之窗，为学生开辟了文化之路	底部大字：趣雅悦读节·经典诵读活动（黄色、宋体四号） 底部小字：八五学部的同学们在吟诵《关雎》（红色、宋体小五号）（一直出现）
10	学生身着汉服赏花、漫步校园画面	主播1：阳春三月，草长莺飞，学生们身着汉服，感受春天的气息。本次活动，拉近了学生与传统经典之间的距离。古诗不再是冰冷的文字而成了有温度的故事	无
11	记者采访穿着汉服吟诵的学生	记者：同学你好，你认为这样的吟诵方式与普通朗诵有什么区别？ 学生回答	记者左边字幕： 本台记者：钱俊宇（持续两秒后消失） 学生右边字幕： 经典诵读参与者：沈梓依（持续两秒后消失）
12	学生身着汉服一字排开	学生原音：着汉家衣裳，读百家经典	无
13	演播厅两位新闻主播播报新闻画面	主播2：读书有道，学亦思辨。2021年3月29日晚，85A85B班的同学举行了"光南杯"名著知识竞赛	背景字幕：光南TV（一直出现）

续 表

序号	画面	声音（旁白）	字幕
14	画面1：学生埋头做题（广角，要拍到黑板上的名著知识竞赛几个字） 画面2：学生皱眉特写 画面3：自信做题学生特写 画面4：苏老师颁发奖状	主播2：本次名著知识竞赛不仅与中考接轨，考查古诗文默写及地方文化，还涉及诸多中外文学常识。同学们有的眉头紧锁，苦思冥想；有的信手拈来，一气呵成。语文老师苏易为获得一、二、三等奖的同学颁发了奖状。通过本次竞赛，同学们既能脚踏实地，夯实基础，又能博览群书，丰厚学识	底部大字：趣雅悦读节·名著知识竞赛（黄色、宋体四号） 底部小字：同学们奋笔疾书，一争高下（红色、宋体小五号） （字幕持续到人物特写镜头为止）
15	记者采访名著知识竞赛特等奖获得者	记者：陈康元同学你好，请问你平时通过哪些方式来提高名著阅读的效率？ 学生回答	记者左边字幕： 本台记者：钱俊宇 （持续两秒后消失） 学生右边字幕： 名著知识竞赛特等奖获得者：陈康元 （持续两秒后消失）
16	演播厅两位新闻主播播报新闻画面	主播1：含英咀华，浑浑无涯。阅读节的时间虽然不长，但阅读的习惯却能陪伴热爱它的人一生。万里江山无限意，满天风雨不知还。愿书香韵长，馥郁沉浸每一位光南学子的青春华章，泼墨为引，剑指今朝！	背景字幕：光南TV （一直出现）
17	校长特写	校长阐述举办"趣雅悦读节"的意义	记者左边字幕：本台记者：钱俊宇（持续两秒后消失） 校长右边字幕：光南中学校长：童国强（持续两秒后消失）
18	演播厅两位新闻主播播报新闻画面	主播2：好，以上就是本次光南趣雅悦读节"微新闻联播"的全部内容，感谢您的收看，更多新闻资讯请关注光南中学公众号。谢谢！	背景字幕：光南TV （一直出现）
19	主播整理稿件画面	新闻联播片尾曲	背景字幕：光南TV （一直出现）

子项目四：拍摄剪辑

作为跨学科项目化学习，学生在信息老师的指导下，利用"剪映"App，剪辑新闻片段，利用"新闻视频评分表"为每段素材打分，筛选出最佳片段。再下载素材库中的新闻片头模板，替换相应文字和图片，利用智能抠图功能，抠出绿幕素材中的主播图像。最后将各段素材拼接起来，插入相关音乐，便形成了最终成果——《趣雅悦读节·微新闻联播》。

"跨学科成果反映了对整体问题情境探索的结果，在成果中包含对所有涉及的相关概念的理解程度的分析。""微新闻联播"集采访、编写、拍摄、剪辑为一体，把整个"悦读节"的活动贯穿起来，有简讯播报、有过程记录、有人物访谈、有事件评论，直指核心知识，解决真实问题，体现对核心概念的理解，较好地展现了自己和团队成员在项目进行过程中的深入理解与探究，根据以上要点，制定新闻视频评分表（见表13）。

表13 "趣雅悦读节"新闻视频评分表

评分角度	层级三 （10~8分）	层级二 （7~5分）	层级一 （4分及以下）
画面	画面清晰稳定，横平竖直，突出重点人物；画面表现的空间完整、统一	画面相对清晰稳定，能看出重点人物，各画面相对协调统一	画面模糊，重点人物不突出，各画面不协调，有明显的脱节
声音（旁白）	能够弥补画面信息的不足；能提供现场画面以及画面上看不到的情景、抽象的信息；能够阐明画面含义	基本能弥补画面信息，基本能阐明画面含义	声音与画面毫无关联，不能弥补画面信息
字幕	字体统一、严肃，每句在15字左右，能概括新闻的主要内容	字体统一、严肃，字数恰当，基本能概括新闻内容	字体不统一，字数过长或字幕过短，不能概括新闻内容

三、批判性反馈与修改

在此环节，师生共同探究，学生互评互改，不断修正自己的作品。

"消息"以严婷文同学撰写的《名著知识竞赛》为例：

名著知识竞赛
——光南中学开展名著知识竞赛活动

2021年3月29日,光南中学举行了名著知识竞赛,主要内容为必读名著。

晚风轻吹过教室的门板,带出了光南学子的吵吵写字声,同学们端坐在座位上提着笔在黄白色的卷子上留下自己的想法。

考题偏难,但仍有部分同学奋笔疾书,写得行云流水;可一些同学却苦思冥想,迟迟不敢落笔,咬着笔盖,眉心微皱着。40分钟如流水一般流过了,同学们均准时交卷,考风良好。无论结果如何,同学们都尽了自己的全力,这就足够了。

成绩下来后,祝贺陈康元同学获本次知识竞赛第一名,以79分的优异成绩展示了自己的实力,郑越洲同学第二名,何谐同学荣获第三名。同学们以热烈的掌声给予祝贺。同学们通过这次竞赛,一定大有收获,要多阅读,多积累文学常识。

让我们一起阅读,飞翔趣雅的海洋之中吧!

在同学们的评价打分中,严同学的这篇新闻稿获得了标题5分、导语7分、主体7分、结构4分、语言5分的成绩。小组成员提出以下修改意见:

新闻标题不够简洁,不能吸引读者,副标题与主标题重复,稍显累赘,除此之外,新闻标题可以采用对仗的形式,增强美感;

新闻导语虽然可以概括新闻核心事实,但表达稍显死板;

主体内容较为充实,但第三自然段对于同学们做题的描述以及第四自然段陈康元夺冠的描写有些啰唆,可简化;

新闻结构并未遵循重要性递减原则,将最重要的夺冠选手放在了最后,写得有点像一篇记叙文;

消息中的描写、抒情过多,不像新闻。如"无论结果如何,同学们都尽了自己的全力,这就足够了。"和"让我们一起阅读,飞翔趣雅的海洋之中吧!"这两句话可以删去。

根据小组成员的修改意见,严同学用红笔在原文上修改,形成定稿:

漫漫书海共徜徉 光南学子齐争锋

2021年3月29日晚，光南中学八五学部举行了"光南杯"名著知识竞赛活动，陈康元同学一举夺魁。

本次名著知识竞赛不仅与中考接轨，考查古诗文默写及地方文化，还涉及诸多中外文学常识。同学们齐聚考场，一展拳脚。有的眉头紧锁，苦思冥想；有的信手拈来，一气呵成。

成绩公布后，语文老师苏易为获得特一、二、三等奖的同学颁发了奖状。其中陈康元同学获得了本次竞赛的特等奖，他表示语文重在平时积累，需要把握晚阅读时间，勤做笔记。

通过本次竞赛，同学们既能脚踏实地，夯实基础，又能博览群书，丰厚学识。

"新闻特写"以何谐同学撰写的《努力，成功！》为例：

努力，成功！

看着同学们埋头奋笔疾书的身影，我似乎看到了他们为了这次竞赛而精心准备的场景，在这人群中，他显得格外出众，不仅是因为他的自信，更是因为他异于常人的努力，才换来今天的成绩。

坐在考场上，他是如此沉重，一笔一笔地书写着。他十分的胸有成竹，微笑着面对写完的答卷，他没有迟疑，也不犹豫，笔在他的手中显示出的是轻盈，如蜻蜓点水，轻快迅捷，心中似乎已高举胜利的旗帜。

虽然做完了题目，并已胜券在握，但他却毫不松懈，认真仔细地重新浏览了几遍答卷，他不放过任何一题，坚持到考试结束才放下心来。走出考场，他依旧保持着那份沉重与冷静，或许就是因为这样，他才能获得成功。

现在，他十分自豪地站在了领奖台上，他的努力是有价值的，他的努力已经展示在答卷上了，他通过自己的努力，换取了不同凡响的成功，他以全班第一的成绩站在领奖台上，此刻，他的心情五味杂陈，但不可缺失的，是他对于事物的态度得到了肯定。

同学们给予他掌声，在这片掌声海洋中，他笑了，笑得如此灿烂。

在同学们的评价打分中，何同学的这篇新闻特写稿获得了标题2分、场景选取 7 分、语言 7 分的成绩。小组成员提出以下修改意见：

新闻特写也属于新闻，所以标题也应该遵循新闻的相关要求，这篇新闻特写的标题像一篇随笔的标题；

这篇新闻特写选取了两个片段："他"考试的片段、"他"获奖的片段，两个片段篇幅差不多，没有突出精彩瞬间；

这篇新闻特点从头到尾没有说明获奖的"他"是谁，让人很困惑，语言虽然优美，但文学性远远大于新闻性，读起来更像一篇优美的记叙文；

可以模仿课本中的新闻特写《"飞天"凌空——跳水姑娘吕伟夺魁记》，对文章进行修改。

根据小组成员的修改意见，何同学用红笔在原文上修改，形成定稿：

少年提笔 横扫江湖
——名著竞赛陈康元同学夺魁记

他坐在考场上，奋笔疾书，胸有成竹，面对答卷，没有丝毫的迟疑，笔在他的手中飞速游走，如蜻蜓点水，轻快迅捷，仿佛心中已高举起胜利的旗帜。

虽然做完了题目，但他却毫不松懈，认真仔细地重新浏览答卷，绝不放过任何一题。忽然，他眉头紧锁，似乎遇到了难题，他的手飞快地在草稿纸上涂写着。忽而，他紧皱的眉头舒展了，恢复了信心满满的神态。

下课铃响了，还没等我反应过来，他已展开身体，像轻盈的、笔直的剑，"咻"地冲向讲台。四周的同学投来敬佩的目光。

"79 分！最高分！"苏老师激动地跳了起来。这时，整个班都沸腾了，同学们纷纷鼓掌，向他表示祝贺。

谁也没有想到，这个平时成绩并不突出的男孩，赢得了冠军。

他接过特等奖的奖状，嘴角漾出了的微笑。

四、出项

（一）成果展示

在班级开展"趣雅悦读节"项目成果分享会，邀请本校所有语文老师和本班级的任课教师担任嘉宾。各小组按顺序依次上场，采用PPT演讲和实物展示相结合的方式，向到场来宾介绍成果。

朱嘉喜同学：

苏老师在课上教授了我们怎样写新闻脚本，怎样寻找新闻亮点以及怎样写好采访提纲。

我们组的文案小组，在苏老师的帮助下进行了脚本创作。脚本里的一些文字，也参考了《微光班报》的内容。这时候要拍摄什么画面，已经在脑海中成型了。下面有请我们光南电视台的记者钱俊宇介绍他的采访经历。

钱俊宇同学：

大家好，我是光南TV记者钱俊宇。在外采访前，我首先写了采访提纲，确立了我的采访目的和采访问题。但即使有了采访提纲，在采访过程中仍然出现了许多问题：如在采访某位同学时，由于该同学的不配合导致采访失败；采访快完成时才发现李导没开摄像机导致采访再次失败；在采访童校长时我虽然做足了准备但仍由于太紧张而忘词，在此感谢童校长对我们工作的支持。

为了方便李导后期抠图，苏老师特地从网上买了绿布，感谢苏老师。因为手拿手机拍摄容易抖动，所以我们就用了一个支架固定。视频拍摄好后就是最关键的视频剪辑环节了，请李导来给我们谈谈。

李金阳同学：

本次剪辑用的软件是剪映，它的素材库里面有编辑新闻片头的模板，只要替换文字和图片就行了，后面的抠图其实也不难，它里面有一个智能抠图功能，点一下，人物就抠出来了。然后再把各段素材拼接起来就行了。不过我的水平还不够高，他们手拿的纸一下有一下没有的，这次时间紧迫，下次我再研究一下。

（二）学生反思

傅祎祺同学：

在开展本次活动之前，我的印象中，新闻不过是一个标题，一句导语，一段讲清楚事情经过的正文，再加上一段弘扬正能量的结语就可以草草了事的一种文体。在欣赏了同学们的优秀新闻作品后，我对自己的新闻进行了重新审视，我这才发现，新闻其实是很讲究的，写好一篇新闻绝不是一件简单的事。

就拿新闻标题来说吧，我原本的新闻写作风格是只求讲清楚即可，根本没有去研究要怎样吸引人。在写经典诵读新闻的时候，一开始我拟写了"读经典，品国学"作为新闻标题。同学们觉得太简单，毫无吸引力。大家就一起商量，最后改成了"春回大地暖意归，清风拂面书声琅"，整个文化底蕴瞬间就上去了。通过这次活动，我深刻地意识到：写新闻标题不仅要清楚明了，还要注意标题的文学性，这样才能更吸引人。

撰写新闻特写也是我的弱项。新闻特写需要具体描述新闻事件中的某一场景，生动形象地展现新闻现场。但在实际操作过程中，我却总爱把整个新闻事件都写出来，文章冗长，完全没有突出重点，一点都不引人入胜。经过苏老师的帮助，我通过模仿新闻特写名篇《飞天凌空——跳水姑娘吕伟夺魁记》，再加以创新，删去新闻特写中的大段废话，把一幕幕场景写得活灵活现，这才终于有了一点"特写"的样子。

通过对新闻特写的一遍又一遍修改，我明白了：新闻特写应有强烈的现场感。而现场感的展现关键在于生动的细节描写和鲜活的人物对话。这样才能让读者身临其境，进而达到对报道聚焦的新闻事实有强烈共鸣的传播效果。

当最终的成果《微光班报》展现在我的眼前时，我觉得自豪与骄傲，看到自己的文字变成铅字，实在是太奇妙，太有成就感了！

黄歆然同学：

随着光南趣雅悦读节的脚步越来越近，我们班也为本次活动的开展做足了准备，如制作海报，朗诵经典诗歌等。活动精彩纷呈，各有各的特色，但让我收获最多、印象最深的内容，还是学写新闻。

在上这堂课之前，我认为新闻只不过是记录最近发生的事的文体，根本没有关注新闻的写作方法和要点。所以第一次撰写新闻时，我就犯了不少错误。比如，我所写的关于经典诵读的新闻标题是"经典之风吹春开"。经过老师点评和同学们的讨论，我发现我的这个新闻标题只是一味地追求文学气息，而全然忘记了新闻标题需要概括新闻的主要内容，并且要简洁醒目。除此之外，我的整篇新闻主题部分冗长繁杂，像流水账一般，读起来让人一头雾水。

在苏老师的教导下，我收获颇丰：新闻标题要高度并且精准地概括内容；新闻不仅有标题，还有导语、主体和结语；新闻有六要素即时间、地点、人物、事件的起因、经过、结果；新闻的结构应该遵循倒金字塔结构，写作的时候要注意层次清晰。除此之外，新闻的语言必须客观准确，通俗易懂，不宜过分抒情。

经过学习与不断的修改，在苏老师与同学们的帮助与建议下，我将自己标题改为了"倡导经典诵读，齐诵古典《诗经》"，同时，将新闻主体中不必要内容删去。这样，一则简洁明了、真实客观的新闻就新鲜出炉啦！

我的新闻稿后来还有幸被改编成了新闻脚本，当听到主播们读着我创作的文字，感觉有些神奇！我们班制作的《微新闻联播》也在朋友圈被大量转发，爸爸妈妈也在新闻里看到了我的身影。这次活动真的太有趣了！

通过这次学写新闻的活动，我不仅了解了如何撰写一则好的新闻消息，还在老师与同学的帮助中获得了暖暖的感动，在我的学习生涯中留下了浓墨重彩的一笔。

学习成果举隅

趣雅悦读节微新闻联播

扫码观看《趣雅悦读节微新闻联播》

项目成效与反思

夏雪梅曾说:"跨学科成果反映了对整体问题情境探索的结果,在成果中包含对所有涉及的相关概念的理解程度的分析。"本次"趣雅悦读节·微新闻联播"项目化学习活动,集采访、写作、拍摄、剪辑为一体把整个"趣雅悦读节"综合性学习活动贯穿起来,有消息播报,有过程记录,有人物访谈,有事件评论,直指语文教学核心知识,解决真实问题,活动结束后我们通过分析总结,收获了许多有益的启示。

(一)构建真实情境,激发写作热情

实施项目化学习时,若学生在项目化学习活动实践中遇到无法解决的问题时,教师要耐心引导,提供各类资源,给予学生必要的支持,激发学生为解决真实情境中的问题而主动探索的热情,切不可急于求成,更不能为了"精美的结果"而代替学生完成任务,否则项目化学习就失去了意义。

项目化学习构建了真实的写作情境,相比于枯燥的课堂传授知识式新闻教学,学生的新闻写作显得更加真实自然,创作的热情也更为高涨。项目化新闻写作更能充分调动学生的积极性,提高学生的自主探究能力,最后呈现的成果也让学生更加有成就感。

(二)呈现真实成果,提高综合能力

在本次项目化学习中,主要有两项成果:一是将学生优秀的新闻稿件汇编成《微光班报·趣雅悦读节专刊》(见附录);二是趣雅悦读节微新闻联播。学生在亲自动手筛选新闻稿件、编辑排版班报、创作新闻脚本、剪辑拍摄新闻联播的过程中,不仅提高了学生"新闻写作"的水平,更培养了团结合作、实践创新等综合能力,在语文、美术、信息技术等多方面得到了锻炼与提高。

在学校公开售卖《微光班报·趣雅悦读节专刊》、公开播放《趣雅悦读节微新闻联播》等一系列活动成果极大地激发了学生的热情。项目化成果的真实呈现所带来的成就感、自我价值的满足感等是不可估量的。

（三）重构学习内容，指向新闻素养

跨学科的语文教学，有利于锻炼学生的动手能力，培养学生的审美意识，提高学生的综合素养，但必须突出语文学科的核心地位，不能本末倒置。实施项目化学习，项目设计必须体现语文学科的特点，一切学习活动的设计都要以提升学生的语文核心素养为逻辑起点。本次项目化学习活动的开展，聚焦新闻写作，总体上做到了人人动手且全程参与，不仅帮助学生在真实情境中逐步掌握了新闻写作的"5W法"和"倒金字塔结构"，还促使学生对新闻阅读、新闻采访、新闻写作有了深入且持久的理解。当然，在制作项目成果的初期，我们也曾误入歧路，过分关注新闻视频剪辑中的特效、转场、抠图等技术性问题。庆幸的是，我们很快就认识到华丽的特效只能锦上添花，语文项目化学习必须立足语文，指向对学生语文核心素养的培养。

（四）构建评价体系，关注过程反思

任何学习评价的目的，都不是要给学生一个量化的分数或质化的结论，而是要借助评价推动学生学习。本次项目化学习在评价方面有所欠缺，没有严格制定评价量表，没有重视过程性评价，在引导学生反思学科知识的运用与学程自我管理等方面也不够完善。这次实践让我们深刻认识到：开展项目化学习，不能只注重结果而忽略过程；最终的成果固然重要，但更重要的是学生在多次讨论、评价和解决问题的过程中要有所收获；华而不实、空有成果的项目化学习，对学生来说根本无法在其学习生涯中留下任何痕迹。

项目化写作案例：校园活动中的语文学习

附录

参考文献

巴克教育研究所,2008.项目学习教师指南——21世纪的中学教学法[M].任伟,译.2版.北京:教育科学出版社.

夏雪梅,2019.项目化学习设计:学习素养视角下的国际与本土实践[M].北京:教育科学出版社.

中华人民共和国教育部,2018.义务教育语文课程标准(2018年版)[M].北京:北京师范大学出版社.

周文叶,2014.中小学表现性评价的理论与技术[M].上海:华东师范大学出版社.

后记

  本书是金华市外国语学校初中语文组在写作教学上的一次探索。两年前，初次接触项目化学习时，我们都戏称它为"迭代的综合性学习"。因为两者都有综合、跨学科、贴近现实生活的实践性特点。后来，在参与语文项目化学习案例征集活动后，觉得两者还是有本质区别的。

  从教师层面看，在开展项目化学习前，教师需要提炼具有概念性质的核心知识，需要有一个提升学生学习素养方面的顶层设计，以便更好地促进学生对知识的深度理解和迁移。

  从学生层面看，每一个人都有主角光环，每一个人都处在聚光灯下。因为每一个人的参与过程将被所有参与者和公众评论、分析，每一个人对成果的修订、完善、公开报告的过程也将被所有参与者和公众评论、分析。

  而综合性学习并没有凸显这两点。

  基于以上理解，我们认为，项目化学习的确能帮助学生深入理解知识，在真实的情景中解决问题，能有效促进学生和世界的关联，在关联中培养学生成为心智自由的学习者。

  那么，如何让项目化学习为语文学科服务？如何让项目化学习在语文学科落地？我们在组内开展了头脑风暴式的讨论，基于学情、校情，慎重地选择了"写作"这个点。就这样，我们出发了。

  2021年语文组成功申报了浙江省教学科学规划研究课题《基于校园活动的项目化实践策略研究》。在探索过程中，我们通过设置驱动性问题来撬动项目化写作。我们觉得驱动性问题必须任务真实，有意思，有挑战性；同时，也必须契合课程标准，能实现知识的再建构。

  如果说生发驱动性问题的土壤是课程标准，那么，我们播种的是统编教材里的写作知识和能力，即怎样选材、语言简明、学习抒情、写出人物的精神、新闻写作、撰写演讲稿、学写故事、学习改写、议论文写作、有创意地表达等。我们期待，通过项目化写作，学生能在真实的情境里，有意义的话题中提高语言表达能力，自主地发现知识与真实世界的联系。

在项目推进过程中，我们不仅成为学习活动的设计者和支持者，而且成为学生的学习伙伴，项目的参与者和管理者。

我们将项目实施过程分为"入项""知识与技能构建""批判性反馈与修改""出项"四个部分。整个过程凸显"以终为始"的理念，我们与学生共同设计项目成果评价量表，在不回避传统课堂教学模式的基础上，更强调师生对教学过程和结果的反思。

思维的天幕一旦拉开了口子，奇思妙想便如泉涌。金华外国语学校民主开放的科研氛围、丰富多彩的校园活动给了我们施展的舞台。

阅读节，我们改写经典名著，并把它搬上舞台，把系列活动写成新闻，写出通讯，并制作成微新闻联播；科创节，我们将科普知识化为图文，用文字和图画记录"时间的脚印"；体艺节、运动会，我们将新闻写作和描写人物精神贯穿其中；元旦汇演，我们将垃圾分类的创意表达在舞台上演绎。当您用手机扫描文中的一个个二维码，欣赏一张张图片，一个个视频时，便可以看见写作的真实发生。我们以项目化学习的方式，将写作任务和校园活动有机整合，遵循语言的习得规律，让学生在有意义的情境中真实地写作。

学生的观察、思维、创意、合作意识在萌动、生长，千姿百态，生意盎然；他们在真实的生活环境里兴奋地"表达和交流"；他们整合资源，综合运用媒介手段，多维展示项目成果，其中微信、短视频、戏剧表演、辩论赛等大获点赞，而这些多元的评价机制又进一步激发了他们的写作热情。

学生在真切地写作，教师又何尝不是？

在表述核心概念、修订驱动性问题时，我们也曾茫然，为此，寻找机会向专家请教求证；在设计入项、实施项目、出项等环节时，我们也曾苦恼，为此，不断碰头增删添改；在搭建案例框架时，我们也曾退却，为此，互相鼓励，坚定步伐。

真实的困惑，交织着真实的幸福。因为项目化学习，学生学习热情高涨，形成一股自主投入，实践探究的洪流，在这洪流里，我们或"任意东西"，或"撑篙"帮学生"避险滩"，充分享受着作为设计者、参与者的快乐。随着项目化学习的推进，我们的教研能力也水涨船高。有老师被评为"浙江省项目化学习百强教师",有案例发表在核心期刊,有老师应邀去各地做经验介绍。学生语文素养的提升、课堂生态的优化、自身的成长无疑是我们此行的最大幸福。

之所以能顺利开展项目化活动,自然离不开学校"理念先进而实在、管理严谨而人本、教师优秀而敬业"的优质文化。在金华外国语学校,我们可以把日常教学与教育科研有机融合,形成活色生香的教科研体系。

如今,这 11 个典型案例即将与读者见面,我们不免激动、忐忑。

百感交集中,特别感谢那些为我们提供了各种支持和帮助的专家学者、同仁们。感谢贾龙弟先生自始至终的帮扶鼓励,感谢上海新纪元双语学校校长李海林先生的指导,感谢朱昌元教授、童志斌教授、叶黎明教授的慷慨助力。

感谢在探索路上一直互偕并进的伙伴们。感谢为出版本书操心劳神的中国市场出版社编辑团队。

由于学力所限,思考不够透彻,这本书难免有误。敬请各位读者原谅并指正。

潘丽云

2021 年 10 月 10 日